好妈妈不打不骂养育男孩

宿辰夕 编著

天津出版传媒集团
天津科学技术出版社

图书在版编目（CIP）数据

　　好妈妈不打不骂养育男孩 / 宿辰夕编著 . -- 天津：天津科学技术出版社，2022.2
　　ISBN 978-7-5576-9837-9

　　Ⅰ . ①好… Ⅱ . ①宿… Ⅲ . ①男性 – 家庭教育 Ⅳ . ① G78

　　中国版本图书馆 CIP 数据核字（2022）第 013785 号

好妈妈不打不骂养育男孩
HAOMAMA BUDA BUMA YANGYU NANHAI

| 策 划 人：杨 譞 |
| 责任编辑：杨 譞 |
| 责任印制：兰 毅 |

出　　版：天津出版传媒集团
　　　　　　天津科学技术出版社
地　　址：天津市西康路 35 号
邮　　编：300051
电　　话：（022）23332490
网　　址：www.tjkjcbs.com.cn
发　　行：新华书店经销
印　　刷：北京市松源印刷有限公司

开本 880×1230　1/32　印张 6　字数 155 000
2022 年 2 月第 1 版第 1 次印刷
定价：38.00 元

前言
PREFACE

男孩一天天地长大了,有时他们会做出一些让人气恼的事:任性、不听话、爱发脾气……不少父母经常因为男孩大大小小的问题而大动肝火,甚至在怒不可遏的情况下对孩子破口大骂、动手就打。其实,感情用事,是教育失败的主因。

把一个浑身上下满是棱角的男孩养育成才非常不容易。由于性别差异,男孩与女孩之间有着太多不同:男孩精力旺盛、调皮捣蛋,所以身上总是麻烦不断;男孩自控能力较差,常常禁不住外界的诱惑;男孩具有强烈的金钱欲,很容易会被金钱所诱;男孩的自尊心极强,他们很容易做出莽撞的事情来……面对男孩成长过程中出现的种种状况,家长往往也是一个头两个大:我们究竟该怎么办?

正确教育男孩的方法,应该是爱和严相结合。在生活上既要给予他们适当的父母之爱,在成长上又要严格要求他们,特别要舍得让他们到艰苦环境中去锻炼。在风雨中成长,这才是真正的爱。只有这样才能锻炼出人才,成为真正有作为的人。现在已经不是棍棒出孝子的年代,现代父母教育男孩不应该非打即骂,而应该运用智慧和爱悉心教育。面对淘气的男孩,面对不听话的男孩,面对叛逆的男孩……家长要把握的重要原则就是——不打不骂。

本书深刻分析了男孩天性中的优缺点,以及母亲在养育男孩过程中所应起到的作用,结合男孩的特点、个性以及成长规律,为父母提供了一套成功育子方案,帮助父母掌握教育的正确方向和科学方法,真正教到点子上。

目录

第一章
走进孩子的世界，听懂男孩的心灵密码
1 为什么男孩喜欢跟父母对着干 002
2 男孩往往精力过剩 011
3 告诉男孩莽撞不等于勇敢 020

第二章
不打不骂养出 100% 好男孩
1 克制自己的包办心理 030
2 言传力量永远小于身教 037
3 怎样说男孩才会听 044

第三章
责任感胜于能力，让男孩对自己的承诺负责
1 培养男孩"勇于担当" 054
2 让男孩为自己的过失埋单 063
3 责任是命运对男孩的馈赠 071

第四章
良好"小"习惯，成就"大"未来

1 制订"删除坏习惯"计划 082
2 懒惰的男孩要不得 088
3 男孩的好习惯是训练出来的 095

第五章
抗挫力训练，让男孩成为人生大赢家

1 男孩的成长不可能"零风险" 104
2 引导男孩向"胆小鬼"身份宣战 114
3 挫折将男孩变得更强大 122

第六章
意志修炼，打造一级棒的心理素质

1 帮助男孩化解负面情绪 134
2 教男孩不要盲目扩大自己的愤怒 141
3 培养男孩的"阳光心态" 148

第七章
乐群、合群，男孩应具备的成功能力

1 庭院里训不出千里马 160
2 教男孩如何与人沟通 170
3 让男孩成为社交达人 177

第一章

走进孩子的世界,
听懂男孩的心灵密码

1
为什么男孩喜欢跟父母对着干

从小就聪明伶俐的苏平很听爸妈的话，是一个人见人爱的好孩子。可近来苏平变了，凡事总爱与父母顶嘴，自作主张，有时还偏要同父母"反其道而行之"。

例如，初中毕业后，爸妈为他选择了就近的一所重点高中作为报考志愿，而他偏挑选了一所离家较远的中学，他不是喜欢路远，而是有意同爸妈抬杠；苏平有鼻炎，父母为他买了滴鼻药水，他却有意把它扔了；父母问他考试成绩，他明明及格了，却偏说不及格；有一天气候突然变冷，苏平的母亲特意给他送去衣服，他竟当着同学们的面把衣服扔在寝室的地上；他爸爸平时工作忙，一有机会就想跟他聊聊，他却把爸爸拒之于千里之外。这令苏平的父母十分焦急。

苏平的这些表现与逆反心理有关。

逆反心理是指，人们彼此之间为了维护自尊，而对对方的要求采取相反的态度和言行的一种心理状态。青少年常会"不受教""不听话"，常与教育者"顶牛""对着干"。这种以反常的心理状态来显示自己的"高明""非凡"的行为，往往来自"逆反心理"。逆反心理在青少年成长过程的不同阶段都可能发生，且有多种表现。如在一些青少年当中，打架斗殴被看作是有胆量；与老师、领导公开对抗被视为有本事；哥们义气等不良的行为倾向却赢得了很多人的认同，而乐于助人、爱护集体、爱护公物、遵守校规校纪的青少年则被肆意讽刺、挖苦；对正面宣传作不认同、不信任的反向思考；对先进人物、榜样无端怀疑，甚至根本否定；对不良倾向持认同情感，大喝其彩；对思想教育消极抵制、蔑视对抗等。

一般说来，人们对于越是得不到的东西，越想得到，越是不能接触的东西，越想接触，这就是所谓"禁果逆反"。无论是老师还是家长，都会禁止孩子做某事，却又不说明为什么不能做的理由，结果适得其反，使"不要吸烟""不要早恋"之类禁令达不到应有的预期效果，使被禁止、批判的电影、文学作品、理论文章更引起男孩极大兴趣……"被禁的果子是甜的"，好奇心驱使男孩有时甘冒受惩罚的风险去尝也许并不甜的"禁果"。

由于青少年正处在身心发育成长的不稳定时期，大脑发育成熟并趋于健全，脑机能越来越发达，思维的判断、分析作用越来越明显，思维范围越来越广泛和丰富，特别是思维方式、思维视角已超出童年期简单和单一化的正向思维，向着逆向思维、多向思维和发散思维等方面发展。尤其是在接触社会文化和教育过程中，青少年渐渐学会并掌握了逆向思维等方法。正是青少年思维的发展和逆向思维的形成、掌握，为逆反心理的产生提供了心理基础和可能，因此，逆反心理在成年前呈上升状态。

另外，青少年正处在接受家庭、学校教育阶段，由于阅历和经验的不足，在认知事物和看问题时常出现认识上的片面和较大偏差，因而易与家长、教师、教育者的意向不同。当人们的意向不一致时，彼此之间为了维护自尊，就会对对方的要求采取相反的态度和言行。

逆反的后果是严重的，它会导致青少年出现对人对事多疑、偏执、冷漠、不合群的病态性格，使之信念动摇、理想泯灭、意志衰退、工作消极、学习被动、生活萎靡等。逆反心理的进一步发展还可能向犯罪心理或病态心理转化。

面对心中生成的逆反心理，你可以尝试着用下面的方法去化解：

作为学生、子女，要学着从积极的意义上去理解大人，父母的啰唆、老师的批评都是善意的。老师、父母也是人，也有正常人的喜怒哀乐，也会犯错误，也会误解人，你只要抱着宽容的态度去理解他们，也就不会逆反了。

要经常提醒自己虚心接受老师父母的教育，遇事要尽力克制自己，要知道，退一步海阔天空。另外，还要主动与他们接触，这样，多了一分沟通，也就多了一分理解。

你要提高心理上的适应能力，如多参加课外活动，在活动中发展兴趣，展现自我价值。

你应正确认识自己,努力升华自我。把自己作为教育对象,主动思考自己、设计自己,并自觉能动地以实际行动完善或造就自己。

合理地提出自己对事情的不同看法是孩子的一项权利,但是,由于青少年时期的孩子与父母相比,在社会和生活经验方面确实欠缺很多,这就需要孩子虚心听取家长一些有道理的见解,尝试着用理解的眼光来看身边的事情,这样有助于问题的解决,也有利于父母与子女之间的沟通,有助于和谐的家庭气氛的维持。因此,多一分理解,多一分倾听,叛逆也可以得到合理化解。

建议一:父母应多了解男孩,满足他的真正需求

这些天陆涛跟妈妈一直闹矛盾,两个人谁也不让步,陆涛觉得很委屈,就去找自己最喜欢的老师诉苦。

原来,陆涛十分喜欢轮滑,自己攒钱偷偷买了一双漂亮的轮滑鞋。陆涛暗里计划着,每天放学后去练一小时轮滑,争取下半年能参加轮滑赛。因为练轮滑,陆涛每次回家都很累,有时满头汗,有时累得都不吃晚饭就睡了。陆涛妈妈很纳闷,就在打扫房间时仔细找了找,结果就翻到了那双轮滑鞋。陆涛妈妈不但没收了鞋,还不准陆涛再去练习轮滑。陆涛为此跟妈妈闹矛盾了。陆涛觉得自己的事情自己可以安排好,自己喜欢做什么怎么做这是自己的自由,妈妈不应该干涉,何况自己做的又不是坏事情。陆涛讲完后,老师想了想说:"陆涛,回家先跟妈妈道歉,不管怎么样跟妈妈

闹矛盾是不对的,你这样做也不是解决问题的办法。跟妈妈好好说,争取妈妈的理解,这才是好的办法。"

陆涛回家跟妈妈坐下来好好谈了谈,最终妈妈答应了陆涛,不过每天不能练习太久,怕耽误学习。陆涛又开始了他的轮滑计划,而且还有了妈妈的支持。

也许,有些男孩子没有注意到,不知从什么时候起,自己不再是爸爸妈妈眼里的乖宝宝,开始有自己的想法,并强烈地要求付诸实施。其实,这些是男孩进入青春期后,渐渐出现的叛逆心理。为什么说是男孩子的叛逆心理呢,难道说爸妈就不存在对男孩管制过严的问题吗?当然不是。

让我们先来分析一下青春期的叛逆心理,男孩子们就会发觉自己存在的问题。进入青春期后,男孩子在生理上发生了很大变化,身体渐渐发育成熟,然而近年来,随着物质生活水平的提高,青春期提前来到,然而生理上的成熟并不意味着心理上的成熟,其实很多男孩子的心理并不成熟,于是在青春期期间就出现了叛逆心理。

专家说,青春期的叛逆意识突出表现在他们的独立意识。对于男孩子而言,这种情况更严重。一些男孩子就会希望得到独立、得到认可,在没有完全认识到自己的实力的情况下,总想着一鸣惊人,总想着挣脱父母的束缚,寻找更宽更高的天空。所以,这些男孩子会自发地采取一些接近自己梦想的措施,但是,在父母眼里，男孩子很多做法是好高骛远、不切实际的。此时，出于对他们的关心，父母就会出面阻止。这就出现了男孩子们认为的被剥脱自由的现象。

客观地说，父母有父母的想法，男孩子也有男孩子的想法，没有谁对谁错的问题，最主要的是缺乏沟通。如果男孩子把自己的想法告诉爸妈，爸妈也再听听他们的想法。在互相尊重的前提下真诚地沟通，就会少很多抱怨。

"自由"是一个高贵的字眼，但是通往自由的道路不止一条，男孩子们能让爸妈放心自己，自己也舒心地展现自己，才是最好的选择。

建议二：不妨"冷"对男孩的牛脾气

生活中，很多男孩都会出现无理取闹、乱发脾气的情况，往往让许多父母感到又尴尬又头痛。

凯伦夫妇最近被儿子的坏脾气折磨得头疼死了。儿子吉姆仅6岁，却脾气暴躁得厉害，在商场里面逛的时候，儿子稍不如意就大发雷霆，大喊大叫。即使是跟他讲道理，他也听不进去，如果父母不按照他说的去做，他就一直吵闹、哭喊、在地上打滚，手里有什么东西都会顺手扔出去。

为此，凯伦夫妇想尽了办法，他们打他，苦口婆心地教诲，罚他站墙角，赶他早点上床，责骂他，呵斥他，给他讲道理……

这些都不管用，一有事情吉姆还是会大发雷霆，暴躁脾气依然如故。

每个人都不希望自己的儿子是一个随意发脾气的孩子，可事实上发脾气是男孩成长过程中的必经之路，如果家长引导得不好，孩子就会像吉姆一样，养成乱发脾气的习惯，特别是在物质满足上，孩子会没完没了地发脾气，直到得到自己想要的东西为止。

一天晚上，一家人正在看电视，小恒突然要吃冰激凌。已经很晚了，商店都关了门，爸爸妈妈试图跟他解释，劝说他明天再吃。然而，小恒的脾气却上来了，他倒在地上大声叫喊，用头撞地，用手到处乱抓，用脚踹所有够得着的东西……

爸爸妈妈被气得不知道该说什么，他们努力克制自己的火气，暂时没有任何语言和动作。

小恒已经叫喊半天了，他奇怪地发现，居然没有人理他。于是，他又重新按他刚才的"表演"闹了一番。这次爸爸妈妈坐了下来，静静看着儿子，没有任何语言和动作。

小恒不服气地又开始了第三次"表演"，然而爸爸妈妈还是没有任何表示。最后，小恒大概也觉得自己趴在地上哭叫实在太傻了，他自己爬了起来，回房间睡觉去了。

从此，小恒再也没朝别人乱发脾气。小恒的乱发脾气因为没有得到强化而自然消失了。

男孩情绪不稳定,自制力差,并且难以接受父母的意见与劝说。在这种时候,疼爱儿子的你能做到冷静处理吗?你是不是对孩子过度关注,比如,孩子一伤心你立刻安抚,一哭叫马上就哄?

"现在的孩子越来越难管了!"一些年轻的妈妈抱怨说,"稍不如意,牛脾气就上来了。打也不听、骂也不灵,哄他吧,他还更来劲!"生活中确实有不少这样的男孩。那么对于男孩的"牛脾气"家长应该怎样处理呢?

心理学家认为,孩子爱发脾气是由于家庭教育不当引起的。特别是独生子女,如果从小就事事以他为中心,吃不得一点苦,要什么给什么,那么孩子就会养成遇事爱发脾气的习惯。

要让男孩心平气和地生活,改掉喜怒无常的坏情绪,最有效的办法是采取置之不理的方法,进行"冷处理",让其自动消失。譬如孩子在商场里面满地打滚的时候,你就在旁边看着,直到他偃旗息鼓。

孩子发脾气就向他屈服是最不可取的教育态度和教子方法。当孩子乱发脾气时,父母要保持冷静,对孩子的不合理要求绝不迁就,始终要让孩子明白,无论他怎么发脾气,父母都不会"俯首称臣",他始终都达不到自己的目的。当孩子已经"雷霆万钧"时,不妨运用冷淡计,父母及其亲人都不去理会他。事后,再当着孩子的面,分析一下他发脾气的原因,细心地引导、教育孩子,相信孩子会从一次错误的行为中吸取教训。

专家认为,父母在阻止孩子坏脾气发作的时候,既不要采取过于强硬的态度,也不能采取过于软弱的态度。最好是能够迅速而果断地将孩子的注意力转移到其他方面,以缓和紧张的局势。也就是说,当孩子正处于发脾气的时刻,父母不要一心只想到训斥孩子,因为孩子这时是听不进去的;也不要强迫孩子或者用武力威胁孩子马上停止发脾气。最简便的方法就是冷处理,把他撇下不管,或把他送出门外,让他一个人去发泄,去自我克服、自我平息。这样坚持一段时间后,孩子就会渐渐改正乱发脾气的习惯,因为他知道这样做是什么也得不到的。

男孩往往精力过剩

在学校里教课的老师总会发现有这样的情况：男孩的表现不像女孩那样稳定，要么是班里品学兼优的班干部，要么就是"出类拔萃"的坏小子。出现这种现象的原因就在于男孩体内的睾丸激素。这些男孩通常是体格健壮、精力旺盛、注意力集中，喜欢竞争和挑战，而且具有很强的领导能力。

由于男孩的这种精力过剩，使得他们如果不把精力投入到学习或是有意义的事中去，就会投入到恶作剧中去。父母和老师给予正确的引导就变得非常重要了。

有位老师来到了新的班级担任班主任，来到之后才知道这是一个"问题班级"。尤其班上几个捣蛋的男生，素有"四大天王"之称，这个小团伙的头领，是个看上去酷酷的男生，从来不会把老师的话放在心上。如何把这些孩子搞定呢？

这位老师开始观察这个男孩，发现他总是面无表情的样子，就找了个机会把他叫过来问道："这位同学你过来，老师有没有得罪你？"

男孩答:"没有。"

"那你怎么总是一副很不高兴的样子,这样很容易使别人误解,以为做了对不起你的事情。下次改过来,好不好?"

"好。"这个男孩仍然面无表情地说。

"老师看你在同学当中很有威信,现在我给你一个任务,你每天当'警察',负责管理班级的秩序。"

这个男孩简直不敢相信自己的耳朵,一直以来,所有的老师都把他当作有问题的孩子,没想到这位老师会对他委以重任,他点点头。

当上"警察"之后的这个男孩非常认真地完成老师交给他的任务。"站住,怎么迟到了,名字记下来。"他的几个"同党"也协助他一起完成班级的管理。这个被赋予职权的小男生一下子充满了正义感,从此之后不捣蛋了,并注意以身作则,慢慢地开始成长进步。

老师看到这样做很有效果,有一次他又把这个男孩叫过来:"你的工作做得不错,我看你可以当班长,试一试,怎么样?"

这个小男孩简直受宠若惊:"老师,不行的,我当不了。"

"要不就先当一个星期试一试?"

男孩很勉强地答应了,结果这个班长"挂帅"之后就一直干到学期末,而且男孩深知作为班长是品学兼优的代表,文化课的成绩也提高了不少,班级的风气也越变越好。

原本是个"问题男孩",怎么会发生如此大的反差呢?这位老师以他的亲身经历告诉我们:作为父母或老师要能和这样的男孩交朋友,引导他们把精力都放在一些有意义的事情上,这些男孩往往就会变得非常出色。反之,如果父母或老师忽视了这一点,没有对男孩耐心引导,对他们的行为听之任之,这些男孩肯定会到处惹是生非,寻求发泄精力的途径。

建议一:帮助"好动"的男孩集中精力

做过凸透镜聚焦实验的人一定知道,强烈的阳光不足以使火柴自燃;而用凸透镜聚光于一点,即使是冬日的阳光,也能使火柴和纸张燃烧。随着科学的发展,人们又进一步把柔和似水的光汇集一束,这就成了无坚不摧的激光武器。这一散一聚,使光的作用和力量发生了多么大的变化!

一个人的精力和时间本来是很有限的,在这种情况下,如果选不准目标,到处乱闯,几年的时间会一晃而过。如果想取得突破性的进展,就要像学打靶一样,迅速瞄准目标;像激光一样,把精力聚于一束。

学习也是如此,尤其是男孩子喜欢多动,喜欢玩耍。在学习的过程中总是不能专心致志。边看电视边写作业,边吃东西边看课外书,等等。注意力不集中的男孩,学习本身就会变成一个很困难的事情,更别说取得好成绩了。所以,父母要督促孩子专心地去学习。

学习生涯和人生是一样的，都不会一帆风顺。都会遇到困难和挫折，学习也是一样，当我们遇到困难的时候，一定要相信只要有耐心，集中精力去解决困难，我们就一定能够获得成功。特别是在考场上，遇到难题的时候要耐心解决，才能获得高分。阿基米德告诉我们只有专注才能将难题攻克。

一次，叙拉古的希罗王为了准备一次重要典礼，特地请工匠打了一个纯金的王冠。王冠打好后，大臣们和希罗王都觉得王冠的成色有点不对劲，可是又拿不出有力的证据来证明王冠掺了假，因为王冠的重量与给工匠的金子一样。为了证明王冠是否掺了假，希罗王接受了一位大臣的建议，立即派人去把阿基米德找了过来。阿基米德接到这个棘手的问题后，一时也没有主意。但他对国王说："陛下，请给我7天的时间，7天后我保证给您答案。"

阿基米德辞别国王，回到家中，关上房门，不接见任何客人。他想啊想，5天过去了，仍然一无所获。到了第6天，他妻子建议他出去走走，于是他决定先去洗个澡。这几天太紧张了，他想放松放松，缓和一下紧张的神经，然后再去思考。

浴池里热气腾腾，浴池里的水非常满。阿基米德脱了衣服跳进浴池，他发现，当他的脚伸入浴池时，热水就溢出不少，当他的整个身体都进入时，热水溢了一地。

忽然，灵感来了，解开王冠之谜的方法终于有了。他高兴得连衣服都忘了穿，光着身子跑出了澡堂，一边跑，一边不停地喊道:"我找到了,我找到了!"街上的人都以异样的眼光看着他,他全然不顾。

回到家中,他以清晰的思路想了想,并做了实验验证,然后立即来到王宫求见国王。阿基米德让侍从拿来一个小盆,里面灌满了水,再准备一块与王冠同样重量的金子和一个大空盆。他先把金子放进盛满水的盆,让溢出的水全部流进大空盆,然后用一个小杯子装起来。他又用同样的方法将王冠放入盛满水的小盆,如此演示了一遍。他将两个杯子里的水进行比较,发现浸泡王冠溢出来的水要比浸泡纯金块溢出来的水多一些。据此,阿基米德判断王冠不是用纯金制成的。

国王看了实验的全过程,听了阿基米德的分析之后,立刻派人把工匠找来。工匠在事实面前,只得把掺假的勾当说出来。

实际上阿基米德能成功提出检验王冠掺假的方案,不仅仅是因为他的聪明,还因为他的专注,他有耐心去钻研难题的精神。这是父母要引导男孩向阿基米德学习的地方。

在平时的学习和考试的过程中,假如男孩遇到了难题,千万不要让他因此而心烦意乱,要耐心专注,这样问题就会变得容易解决。所以培养男孩养成耐心专注的习惯是必需的,这才有助于学习成绩的提高。如何养成呢?

第一,不管是在日常的学习中,还是考试时,当男孩遇到临时想不起来的问题时告诉他们要镇定。只有镇定,才会让他们的记忆慢慢恢复,才能有机会找到问题的突破点。

第二,让孩子不要有畏难情绪。他们所谓的难题其实就是那些综合性比较强的题。对于这样的题来说,他们只要耐心分析就会发现,都是由基本的知识点组成的。难题再难也不会超出大纲的要求。这个时候耐心专注,集中精力就会攻破难关。

● 建议二:外面的世界更适合男孩

男孩的特性就是喜动不喜静,他们有使不完的精力,其实,我们并不能完全责备这些精力充沛的男孩,他们总是做一些危险的游戏是有原因的。男孩体内的男性荷尔蒙——睾丸素决定了男孩们天性中的"冒险情结"。

牛津大学的教授克拉克从小有一个梦想,就是希望自己能像他心目中的英雄那样改变世界,服务于全人类。不过,要实现他的目标,他需要接受最好的教育,他知道只有在美国才能接受他需要的教育。

无奈的是,他身无分文,没办法支付路费,而到美国足有1万千米的距离。而且,他根本不知要上什么学校,也不知道会被什么学校招收。

但克拉克还是出发了。他徒步从家乡尼亚萨兰村庄向北穿过东非荒原到达开罗,在那儿他可以乘船到美国,开始他的大学教育。他一心只想着一定要踏上那片可以帮助他把握自己命运的土地,其他的一切都可以置之度外。

在崎岖的非洲大地上,艰难跋涉了整整5天以后,克拉克仅仅前进了25英里(1英里=1.6千米)。食物吃光了,水也快喝完了,而且他身无分文。要想继续完成后面的几千英里的路程似乎是不可能的,但克拉克清楚地知道回头就是放弃,就是重新回到贫穷和无知。

他对自己发誓:不到美国誓不罢休,除非自己死了。他继续前行。

有时他与陌生人同行,但更多的时候则是孤独地步行。大多数夜晚都是过着大地为床、星空为被的生活。他依靠野果和其他可吃的植物维持生命,艰苦的旅途生活使他变得又瘦又弱。

由于疲惫不堪和心灰意冷,克拉克几欲放弃。他曾想:"回家也许会比继续这似乎愚蠢的旅途和冒险更好一些。"

他并未回家,而是翻开了他的两本书,读着那熟悉的语句,他又恢复了对自己和目标的信心,继续前行。要到美国去,克拉克必须具有护照和签证,但要得到护照他必须向美国政府提供确切的出生日期证明,更糟糕的是要拿到签证,他还需要证明他拥有支付他往返美国的费用。

克拉克只好再次拿起纸笔给他童年时起就曾教过他的传教士们写了封求助信。结果传教士们通过政府渠道帮助他很快拿到了护照。然而,克拉克还是缺少领取签证所必须拥有的那笔航空费用。

克拉克并不灰心，而是继续向开罗前进，他相信自己一定能通过某种途径得到自己需要的这笔钱。

几个月过去了，他勇敢的旅途事迹也渐渐地广为人知。关于他的事迹已经在非洲大陆和华盛顿佛农山区广为流传。斯卡吉特峡谷学院的学生们在当地市民的帮助下，寄给克拉克640美元，用以支付他来美国的费用。当他得知这些人的慷慨帮助后，克拉克疲惫地跪在地上，满怀喜悦和感激。

1960年12月，经过2年多的行程，克拉克终于来到了斯卡吉特峡谷学院。手持自己宝贵的两本书，他骄傲地跨进了学院高耸的大门。

对于男孩来说，敢于以执着和冒险的精神走向外面的世界，正是一种证明自我的机会。一个优秀的男孩应该是具备远见卓识的，而具备这一条件的前提就是要亲身去感受更多的事情，以此来丰富自己的阅历。对于男孩的父母来说，应鼓励男孩走出自己的小圈子，接触更多的人，体验更多的事。

冒险，是男孩成长的"催化剂"。正是它一步步地把男孩从脆弱引向坚强。人生的过程，其实就是一连串的冒险的过程。男孩正是在一连串的冒险中学会了勇敢，锻炼了体魄，增长了智慧，开发了潜能，形成了创造力。

让男孩走出去，还得要鼓励男孩的冒险精神，不要总是担心孩子会出危险。举例来说，爬树是诸多冒险行为中最受男孩尊崇的一种。这在父母看来是一种危险，而对男孩来说却是有价值的危险。首先，男孩可以看到树的整体，判断自己是否能爬上去。如果认为能爬，就会想到下一步的方法，确定从何处往上爬，哪个树枝能否支撑自己的体重，需要确认的项目很多。这样，当男孩根据自己的印象判断能够爬到树顶时，便决定进行实际爬树，当然有时也会从树上掉下来受伤。但这是因为自己的判断不准确而产生的失败，这将成为下一次成功爬树的反面经验。

家长要培养男孩的冒险精神，就要从孩子小的时候做起。做父母的，应该鼓励男孩做各种有益的游戏，支持孩子参与各种有益的活动。不要害怕孩子会摔跤，能自己爬起来的孩子的脚步会更稳健；也不要担心孩子会受伤，因为只有经过摔打的体魄才更强健。

父母应随时鼓励男孩去探索、去实践，不要对孩子的尝试大呼小叫，多带孩子出去走走，允许孩子和自己的伙伴自行出去郊游，多给孩子一些自己去克服一定程度危险的机会。

父母要让男孩自小接受艰难困苦的磨炼，教会他们敢于面对挫折，不怕失败，以培养他们坚忍不拔的意志和毅力。经过在逆境中千锤百炼成长起来的孩子才能更具生存竞争力，这也是父母应为孩子尽到的义务和责任。

让孩子的心理经得起挫败，关键就是要他能"缩小"自己，不要有唯我独尊的意识，在看问题的时候能够从别人的角度来看，那么他就不会轻易被一件小事情打败了。

3
告诉男孩莽撞不等于勇敢

男孩与生俱来的英雄情结时常让他们陷入危险的境地而不自知。

他们好像是天生就喜欢冒险,不带有任何理由。一个刚刚学会走路的男孩,他喜欢从上面的地方往下跳。他喜欢把自己藏起来,让全家人找不到他。他会尝试所有没吃过的东西,不管是否是食物,甚至是药片,他都会往嘴里塞。他喜欢玩火,喜欢玩小刀。

当男孩长大,有了自己的玩伴之后,他还会喜欢上一切富于冒险性的事物,他们喜欢玩滑板,喜欢去郊外的山谷蹦极,喜欢在海上扬帆滑翔。有一位儿童心理学家说得好:"任何一个男孩,在他小的时候一定或多或少受过外伤,如果一个男孩在小的时候没有受过伤,那简直是个奇迹。"也许正因为如此,古希腊的哲学家柏拉图这么写道:"在所有的动物之中,男孩是最难控制对付的。"

男孩的冒险是一种天分,需要家长用几分欣赏的眼光来看待。大多数男孩为了冒险,甘心被摔跤,被挨打,这样的一种勇敢精神也是值得肯定的;他们喜欢搞破坏,会把电动汽车拆得乱七八糟，这种创造能力也很值得肯定；他们也许是为了自己的朋友，通过打架的方式来替朋友讨回公道，最后总是伤痕累累，这样的正义感也很值得肯定。既然对男孩的行为感到无可奈何，那就来欣赏他吧。因为男孩除了冒险之外，还有一股英雄情结，这一点让喜好冒险的男孩显得尤为可爱。

男孩的英雄情结，不仅有利于他们男性气质的培养，更有利于他们尽快长成一个真正的男子汉。

在现实的社会中没有一个人会像奥特曼一样具有拯救人类、拯救世界的本领，男孩们心中崇拜的英雄是虚幻的，他们小小的心中并不了解真正的英雄应该具有什么样的气魄。如果家长在此不给予正确的引导，可能孩子还会把暴力倾向误以为是英雄的象征，那就违背了男孩崇拜英雄的初衷。

● **建议一：吃软不吃硬是男孩的通性**

对于未成年的孩子来说，他们由于不成熟、自我约束力差、自我纠错能力差，所以在成长过程中不但错误百出，而且经常犯同样的错误。作为成年人的家长最感到头疼的是："孩子怎么没记性？""为什么屡教不改？"于是频繁批评，意图把男孩"骂"醒。但是不管你是苦口婆心地骂、言词激烈地骂，还是语重心长地骂，这种带有批评成分的教育效果都不十分理想。尤其是针对处于青春期阶段的男孩，他们的逆反心理作祟，容易与父母形成对立局面，那么这时候的批评不但无效反而会适得其反。如果再碰上一个破罐子破摔的男孩，被批评烦了后果更是不堪设想。

老教育家孙敬修先生有一次看见几个孩子在摇一棵小树，孙老并没有上前大声训斥。沉思片刻后，他走过去把耳朵贴在小树上，孩子们看见觉得很奇怪，好奇地问孙老在做什么？孙老态度严肃，用十分痛惜的语气对孩子们说："你们听，小树在哭呢！因为你们快把它的命根摇断了！"孩子们听了，羞得满脸通红，一个个惭愧地低下了头。而后，孙老和孩子们一起给小树培土、浇水。从那以后，这些孩子不但不再摇树，还成了护树"小卫士"。

孙老在这里是采用"良性刺激"的方法，把准儿童心理，用极富童趣的话语使孩子从心底里感知犯错、认识错误并改正错误。在批评孩子时，最忌讳不假思索脱口而出的伤人心的话。所以，不管孩子犯了多么不该犯的错误，在批评孩子之前，父母都要平息一下自己的情绪。

一般来说，当男孩犯了错误后，往往心里已经产生了愧疚。所以，父母在批评时，没必要一遍一遍诉说自己多么痛心，这种做法无异于在孩子心灵的伤口上撒盐。对于已经具备是非判断能力的中学生而言，批评只要点到为止，就会使孩子记忆深刻。如果过度批评，不但不会加深孩子的印象，相反还会使孩子更加反感。

没有人喜欢被人批评，父母在批评男孩时一定要注意方式方法,尽可能采用积极的批评方式,给批评穿一件表扬的外衣。

已经上高二的小斌仍然"玩"性不改,每周六都要玩一会儿电子游戏。说是"一会儿",实际上却是好几个小时。因为他每次都要打一局,而一局至少得打过好几关,有时甚至能从头打到尾,这样几小时就过去了。有时母亲看不过,便吼他:"别玩了!快去写作业。"他往往会以"只差一点就过关了"为理由,再拖半小时。

为了帮助儿子改掉贪玩的坏毛病,母亲想了个好办法。又一个周末,母亲约了自己的几个朋友聊天,并让小斌服务。就在小斌为阿姨削苹果的时候,母亲提起了如何对待孩子贪玩的话题。几位朋友都有十七八岁的孩子,所以都有话说。其中一位说:"我儿子已经上高三了,还整天惦记着玩,家里看得紧,他就到游戏厅、网吧玩,我都快愁死了。"小斌在旁边很紧张,生怕母亲揭自己的底。

小斌的妈妈接过话茬说:"你越管得紧,他越不听话。我就从来不管小斌,每周他都可以玩一小时的游戏,而且很守时,说一小时,就一小时。"说着,看了看表,然后对小斌说:"儿子,到了玩游戏的时间了吧?去吧,玩一小时就停。"

那天,小斌很自觉地在游戏机旁放了一个闹钟提醒自己,一小时后,干干脆脆地退出了游戏。以后,不管母亲在不在旁边,小斌都只玩一小时,到了时间就立刻停止,再也不用母亲费心了。

小斌妈妈很讲究批评的艺术,她的做法很值得父母们学习。然而,很多父母在批评孩子时,难以做到心平气和。于是,这样的话不绝于耳:"都这么大了还不懂事!""就知道玩,这么大了还让我操心!""好的没学会,就学会打架了,你是不是想把我气死?"可想而知,这些话会带给孩子什么样的心灵感受。当孩子犯有过错时,家长往往一味责备孩子,甚至打孩子,一点不讲批评技巧,结果往往事与愿违。那么,家长批评孩子时,应注意掌握哪些技巧呢?

第一,把声音放低。压低声音讲话,容易使孩子注意倾听你说的话,这种低声的"冷处理",往往比大声训斥的效果要好。

第二,保持沉默。孩子一旦做错了事,总担心父母会责备他,如果正如他所想的,孩子反而会有一种"如释重负"的感觉,对批评和自己所犯过错也就不以为然了;相反,如果父母保持沉默,孩子的心理反而会紧张,会感到"不自在",进而反省自己的错误。

第三,使用暗示。孩子犯有过失,如果家长能心平气和地启发孩子,不直接批评他的过失,孩子会很快明白家长的用意,愿意接受家长的批评和教育,而且这样做也保护了孩子的自尊心。

第四,批评孩子要言简意赅。有的家长批评孩子时唠唠叨叨说个不停,却说不到要点上,净说一些废话和孩子反感的话,引起孩子的逆反心理,孩子索性左耳进右耳出。所以批评的话不在多,要言简意赅,恰到好处。

第五,批评孩子一定要就事论事。批评孩子的时候不要把过去的事情扯出来,家长常犯的毛病就是喜欢秋后算总账。孩子本来有几件事情做错了,当时父母心情好,就不管不说,等到后来孩子的举动越来越不像话,这才开始发火,而且把已经过去了的事情重新提起,这样做只会增加孩子的抵触情绪。

第六,批评孩子千万不能损伤孩子的自尊心。特别是那些有辱人格的语言绝不能使用,批评孩子的场合也要有所选择,尽量不要当着外人或孩子朋友的面批评孩子。场合不对,本来孩子可以接受的意见也会引起孩子的反感。如果伤害了孩子的自尊心,他们甚至会做出某些难以预料的举动,让父母十分尴尬,下不了台。

总之,父母要充分考虑男孩的心理感受。根据孩子的具体情况,采取朋友般的做法,通过谈心、启发、聊天等方式,用委婉的口气指出孩子的不足,用商谈的口气消除孩子的对抗心理,与孩子一起共同分析错误,允许孩子申辩,及时澄清问题真相。这样不仅可以使男孩真正感觉到自己在人格上和父母一样平等,而且可以拉近父母与孩子之间的距离,消除彼此间的隔膜,收到积极良好的教育效果。

建议二:改掉男孩"不听话"的臭脾气

任性就是把自己的偏见当成至理名言,从而误入狂妄的陷阱,让自己进退维谷,痛苦不堪。任性的男孩,他们总是认为人生中有很多事情不需要"半途而废",需要"固执坚守",世上没有什么是可以改变的,他们不懂得变通,钻牛角尖,一条路走到黑,一只眼打井,不能全面地看待问题。

任性男孩的主要表现如下:

(1)极度的感觉过敏,对侮辱和伤害耿耿于怀。

(2)思想行为固执死板,敏感多疑,心胸狭隘。

(3)爱嫉妒,对别人获得成就或荣誉感到紧张不安,妒火中烧,不是寻衅争吵,就是在背后说风凉话,或公开抱怨和指责别人。

(4)自以为是,对自己的能力估计过高,惯于把失败和责任归咎于他人,在学习上往往言过其实。

(5)总是过多、过高地要求别人,但从来不信任别人的动机和愿望;不能正确、客观地分析形势,有问题易从个人感情出发,主观片面性大。

(6)喜欢走极端,听不进别人的意见,只想让别人接受自己的观点。

任性是件古怪的东西。任性的男孩绝对相信自己是正确的,而克制自己,保持正确思想,正是最能助长这种自以为正确和正直的看法。

有一位对上帝非常虔诚的神父,很受邻人尊敬,是圣人中的典范。一次,突然天降暴雨,倾盆大雨连续不停地下了20天,水位高涨,迫使神父爬上了教堂的屋顶。正当他在那里浑身颤抖时,有个人划着船过来,对他说道:"神父,快上来,我把你带到高地。"

神父看了看他,回答道:"我一直按照上帝的旨意做事,我真诚地相信上帝,因为我是上帝的仆人,因此你可以驾船离开,我将停留在这里,上帝会救我的。"

那人划着船离去了。两天之后,水位涨得更高了,神父紧紧地抱着教堂的塔顶,水在他的周围打着旋。这时,一架直升机来了,飞行员对他喊道:"神父,快点,我放下吊架,你把吊带在身上安好,我们将把你带到安全地带。"对此神父回答道:"不,不。"他又一次讲述了他一生的工作和他对上帝的信仰。这样,直升机也离去了,几个小时之后,老神父被水冲走,淹死了。

因为是一个好人,神父直接升入天堂。他对自己最后的遭遇颇为生气,来到天堂时,情绪很不好。他气冲冲地在天堂中走着,突然碰到了上帝,上帝说道:"麦克唐纳神父,欢迎你!"

老神父凝视着上帝,说:"40年来,我遵照你的旨意做事,有过之而无不及,而当我最需要你的时候,你却让我淹死了。"

上帝微笑着说:"哦!神父,请原谅,我确信我给你派去了一条船和一架直升机,是你的偏执害了你。"

的确,任性的人坚持己见,缺乏变通的智慧,因而常常正邪不分,忠奸不辨。没有见识,就不能观其人,听其言,察其行,因此就不能知彼知己,不能客观、公正地判断人或事,这样势必后患无穷。

父母在给孩子灌输"滴水穿石""绳锯木断"道理的同时，也应该让他们懂得改变，不能一味地坚持到底，当发现事情有所改变的时候，就应该变通。任性的男孩，只会一条路走到黑，在通向成功的道路上遇到的阻碍会更多。

要想改变男孩任性的坏脾气，就要让他们抛弃自己那种我总是对的想法。当然，思想上的调整与认识以一种良好的心境为前提，才能有效果。因此，父母可以用各种方法让孩子心灵宁静下来。

1. 克服虚荣

人无完人，谁都会有缺点和错误，这用不着掩饰。我们要以真诚的态度来对待生活，要树立远大的目标，追求美好、崇高的东西。不要整天把心思放在修饰打扮和赶时髦上。更不要夸夸其谈，不懂装懂。

2. 加强自我调控

引导孩子要善于克制自己的抵触情绪以及无礼的言语和行为。对自己的错误要主动承认，善于应用幽默，自我解嘲地找个台阶下，不要顽固地坚持自己的观点。

3. 主动接受新事物

任性常和思维狭隘、不喜欢接受新东西、对未曾经历过的东西感到担心相联系。为此父母要孩子养成渴求新知识，乐于接触新人新事，并学习其新颖和精华之处的习惯。

第二章

不打不骂养出 100% 好男孩

1
克制自己的包办心理

吃水果时,孩子拿起了水果刀准备削皮。妈妈见状,立刻夺了下来:"你不能削,会削到手。"

儿子拿起水杯,向热水瓶走去,妈妈马上说:"会烫着手,我来,你过去等着。"

公园里,器械旁,妈妈的眼神牢牢地跟着孩子,不时大声叫:"那边危险!不要过去!""那么高的地方不能爬,会摔下来。"孩子下了秋千和滑梯,家长赶忙跑过去扶住孩子。

妈妈如此担心孩子,生怕孩子受到一丝伤害,于是把孩子严密地保护起来。孩子们的确没有磕着碰着摔着,家长以为安全了,尽到做母亲的责任了。可是,在这样的保护下成长的孩子是什么样的呢?

孩子们好奇的眼神在一次次"不能"的喝令当中逐渐变得漠然。忍不住伸出的手吓得缩回去,不再伸出。心里那只探索世界的小手也缩了回去。种种未知的危险始终回响在耳边,只是想象,就已经限制了孩子的行为。

等孩子渐渐地长大时,他们便什么也不敢做,什么也不会做了。母亲的代劳让孩子甚至没有了自己想要去做的意识。孩子们变得唯唯诺诺、自私、懒惰、怯懦、自卑和不合群,有的甚至出现了严重的心理问题,更别提冒险和探索了。

用一句话来说,这就是母亲过于保护的结果。想想看在这种环境中长大的男孩子,什么事情都不敢做,还期望他们能有什么创造性吗?

母亲的庇护不会出现在任何时刻,事故终归是难以避免的。男孩们要学的是怎样去解决在生活中的疼痛甚至是困难。尝试了,体验了,即便是痛,也是他们人生的最初几步中宝贵的财富。感受了才能更深刻地意识到以后应该小心去避免。而妈妈们,无形中剥夺了男孩们享受的权利,导致了他们的无能。妈妈不是孩子永远的"保护伞",经常沐浴在母爱保护之下的男孩离开了父母亲以后很难立足于社会。下面的这位妈妈就是很明智的,她给了孩子另外的一种保护。

为期两天的野营马上就要到了,孩子积极准备着去山里要携带的物品。他做了很多准备。妈妈检查了他的行李,发现他没有准备足够的衣服,因为山里要比平原冷得多,而且也没有准备手电筒,这可是野营时需要带的东西。

但是妈妈什么也没说。

两天后,妈妈问回来的儿子:"怎么样?玩得开心吗?"

儿子说:"我带的衣服太少了!还有,我没带手电筒,这件事情很麻烦。"

妈妈问："那为什么不预备好呢？"

"我还以为那儿的天气和这边一样，没想到山里会那么冷！下次再去的时候，我就知道该怎么做了。"

上个事例中的妈妈是想让"经历"去告诉孩子结果，而不是由自己直接告诉他，甚至无微不至地为他准备好。看上去，这位妈妈似乎是个不称职的妈妈，但她其实却是一位非常明智的妈妈。因为她阻止了自己的过度保护，而给了儿子直接的体验和经验积累，从而避免了让孩子走向无能。

男孩有预约错误经验的权利，所以不要找出"不想让他走弯路"的借口，应放手让他尝试错误。体验了失败，才能更有利地回避失败，这才是最直接的给予！如果母亲只知道帮助他踢开前进路上的小石子，会让他觉得一切都是容易的、安全的和可靠的。只有无数次错误经验的累积，才能让孩子直观地感受到错误的真正含义，这些远远胜于妈妈的"千叮咛万嘱咐"。

所以，妈妈要大胆地给他尝试错误的机会，这是男子汉成长过程中必须要经历的一步。

● 建议一：让男孩在逆境中保持乐观

在现代的家庭教育中，妈妈要让孩子们知道，他们面临的是一个处处充满竞争的社会，"物竞天择，适者生存""优胜劣汰"

将是普遍现象，未经锻炼的翅膀难以搏击人生的风雨，难以在未来的竞争中取胜。妈妈们要认识到，要想让孩子在竞争中立于不败之地，必须对孩子进行挫折教育，让他们自小接受艰难困苦的磨炼，教会他们敢于面对挫折，不怕失败，以培养他们坚韧不拔的意志和毅力。经过在逆境中千锤百炼成长起来的孩子才能更具生存竞争力，这也是妈妈应为孩子尽到的义务和责任。

人的生活并非都是一帆风顺的，在我们的生命中总是充满着这样或那样的困难和问题。但是我们应该让孩子明白，在逆境中开放的花是更美的，就像冰山上的雪莲那样纯洁、美丽！所以我们要让孩子相信：挫折和困难正是上天给予他们的试金石，它淘汰懦弱和无能者，坚强者更懂得人生，懂得如何去完善自己，也会获得更多的经验和教训。

逆境更能让孩子获得更好的成长机会。从一个人成长的一般规律看，顺境可以出人才，但是逆境、挫折的情境更容易磨砺意志，逆境也可出人才。在逆境中经过挫折千锤百炼成长起来的人更具有生存力和更强的竞争力。因为逆境中奋斗的人既有失败的教训又有成功的经验，更趋成熟；他们能把挫折看成一种财富，深谙只有失败才可能成功，成功是建立在失败的基础上的，因此更具有笑对挫折、迎难而上的风范。

"宝剑锋从磨砺出，梅花香自苦寒来！"孩子在逆境中成长是一笔财富！但是我们要引导孩子面对逆境挫折时要有一种积极乐观的心态。

乐观像一股永不枯竭的清泉，乐观像一首没有歌词的永无止境的欢歌。它使人的灵魂得以宁静，使人的精力得以恢复，使美德更加芬芳。孩子在用乐观的心态生活时，他们的精神、灵魂、美德都会从这种愉悦的心情中得到滋润，尽管烦恼和不安时时吞噬着这种美好的心情，各种挫折和磨难会一点一滴地消耗它，但这如清泉甘露般的美丽心情永远不会枯竭，而是历久不衰以至永远。

所以让孩子保持乐观的心态，微笑着面对生活是很有必要的。那么，妈妈在生活中应该如何引导孩子乐观地生活，乐观地面对生活的各种挫折呢？

1. 要朝好的方向想

有时，孩子变得焦躁不安是由于碰到自己所无法控制的局面。此时，你应该让他们承认现实，然后设法创造条件，使之向着有利的方向转化。此外，还可以引导孩子把思路转到别的事上，诸如回忆一段令人愉快的往事。

2. 不要过于挑剔

大凡乐观的人往往是"憨厚"的人，而愁容满面的人，又总是那些不够宽容的人。他们看不惯社会上的一切，希望人世间的一切都符合自己的理想模式，这才感到顺心。因此尽量让孩子避免挑剔的恶习。挑剔的人常给自己戴上是非分明的桂冠，其实是在消极地干涉他人的人格。怨恨、挑剔、干涉是心理软弱的表现。

3. 偶尔也要屈服

当孩子遇到重创时，往往会变得浮躁、悲观。但是，浮躁、悲观是无济于事的。我们要告诉孩子不如冷静地承认发生的一切，放弃生活中已成为他们负担的东西，终止不能取得的活动，并重新设计新的生活。大丈夫能屈能伸，只要不是原则问题，不必过分固执。

● 建议二：消除孩子心中理所当然被爱的感受

相信大多数的家长都可以为孩子做出任何牺牲，且从不要求回报。但是如果家长表达爱的方式不对，就会让孩子们误认为父母为他所做的一切都是他理所应当该得到的。长此以往，孩子很容易变得以自我为中心，目中无人。

曾几何时，我们误信报刊舆论中的道听途说，总是觉得美国人对亲情很淡漠，就像电影《狐狸的故事》中演的一样，孩子在刚刚成年的时候就要像老狐狸驱逐小狐狸一样被父母逐出家门。我们似乎觉得美国的父母不懂得为孩子付出，不懂得疼爱孩子。但是美国人对此却不以为然，他们在孩子很小的时候就给孩子灌输这样的一个概念：一切都要靠自己的努力才能得到想要的东西。

有位爸爸来自大富之家，从小接受过最好的教育，是美国较为有名的整形医生。他有三个孩子，现在都在各自的领域里独当一面。这位爸爸在美国看到了太多富家子弟因钱而彻底毁掉的例子,为了避免这种事情的发生,他在孩子们还很小时就给他们立下了规矩:可以帮家人剪草坪或者取报纸等换来一点零用钱,而作为家长,只为孩子提供接受最好教育的经费,仅此而已。如果孩子要旅游、要买车、要租房,都要通过自己的打工来实现。偶尔遇到特殊的情况,家长会借钱给孩子,同时要和孩子签合同,等到孩子有了能力之后要在第一时间偿还。

其实,他有足够的钱可以给孩子,但是一个有责任感的父母要教会孩子应该如何以正确的态度在社会上生存。

这样做的好处是让孩子真正体会到钱的来之不易,而且让孩子体会到自力更生的充实感。反之,一个从小在温室里长大的孩子不会懂得生活的来之不易,也不会懂得理解父母的辛劳,更不会理解父母的一片爱心,他们只是觉得这一切是理所当然的,有什么必要感恩呢?如果一个孩子是抱持着这样的想法,可以断定他也不懂得上进。到头来,父母的一片爱心换来的却是痛苦和悲伤。

当你让孩子明白父母到底都为他做了些什么,你就会感慨,了解事实后的孩子变得懂事了很多。

言传力量永远小于身教

妈妈带着孩子去逛街,等车的时候,一位老人过来乞讨,老人衣衫褴褛,蓬头垢面,妈妈赶紧拉着孩子走开了,边走边说:"这老乞丐,真讨厌!"

到了百货商场,妈妈看中了一双运动鞋,对一个售货员说:"喂,把那双鞋拿给我看看。"

孩子渴了,妈妈给他买了一瓶水,孩子很快就喝完了,刚好商场的保洁员在一旁清理垃圾箱,"喂,扫垃圾的,这个瓶子给你。"

吃饭的时候,刚好碰到妈妈的顶头上司也来同一家餐厅,妈妈热情地跟他打招呼:"哟,王经理,您也来这吃饭呀,要不过来一起吃吧。"

……

妈妈的所作所为,孩子看在眼里,记在心里。这天,妈妈乡下的姑妈来城里办事,顺便过来看看他们,给他们带来了一编织袋的土特产,孩子看着姑奶奶土气的打扮,不屑地说:"乡下的东西,谁稀罕!"

听了孩子的话,全家愕然。爸爸一怒之下,拉过孩子,狠狠地在他的屁股上打了一巴掌:"你这孩子,怎么没大没小的呢!"

挨了爸爸一巴掌,孩子号啕大哭,他不知道自己哪儿错了。

爸爸不知道,在妈妈的耳濡目染下,孩子已经学会了将人分成三六九等。

妈妈是孩子的第一任老师,也是孩子最亲近的人,妈妈的所作所为容易被孩子认为是天然合理的;并且,由于孩子知识经验贫乏,辨别是非能力差,对妈妈的言行会不加选择地模仿。因此,妈妈要求孩子做到的,自己必须要以身作则。例如,要求孩子孝敬长辈,自己首先要敬老;要求孩子尊重别人,自己首先要尊重别人,对每一个人一视同仁。

● **建议一:以身作则,教男孩学会尊重**

一天,一位40多岁的中年女人领着一个小男孩,走进美国著名企业"巨象集团"总部大厦楼下的花园,并在一张长椅上坐下来。她不停地在跟男孩说着什么,似乎很生气的样子,不远处有一位头发花白的老人正在修剪灌木。

忽然,中年女人从随身挎包里揪出一团白花花的卫生纸,一甩手将它抛到老人刚剪过的灌木上。老人诧异地转过头朝中年女人看了一眼。中年女人也满不在乎地看着他。老人什么话也没有说,走过去拿起那团纸扔进一旁装垃圾的筐子里。

过了一会儿,中年女人又揪出一团卫生纸扔了过来。

"妈妈，你要干什么？"男孩奇怪地问妇人，女人摆手示意让他不要出声。

老人再次走过去把那团纸拾起来扔到筐子里，然后回原处继续工作。可是，老人刚拿起剪刀，第三团卫生纸又落在了他眼前的灌木上……就这样，老人一连捡了那中年女人扔的六七个纸团，但他始终没有因此露出不满和厌烦的神色。

"你看见了吧！"中年女人指了指修剪灌木的老人对男孩说，"我希望你明白，如果你现在不好好上学，将来就跟他一样没出息，只能做这些卑微低贱的工作！"

原来男孩学习成绩不好，妈妈在生气地教训他，面前剪枝的老人成了他的"活教材"。

这时，老人放下剪刀走过来，对中年女人说："夫人，这里是集团的私家花园，按规定只有集团员工才能进来。"

"那当然，我是'巨象集团'所属一家公司的部门经理，就在这座大厦里工作！"中年女人高傲地说着，同时掏出一张证件朝老人晃了晃。

"我能借你的手机用一下吗？"老人沉思了一下说。

中年女人极不情愿地把手机递给老人，同时又不失时机地开导儿子："你看这些穷人，这么大年纪了连手机也买不起。你今后一定要努力啊！"

老人打完电话后把手机还给了妇人。很快一名男子匆匆走过来，恭恭敬敬地站在老人面前。

老人对那个男子说:"我现在提议免去这位女士在'巨象集团'的职务!"

"是,我立刻按您的指示去办!"那个男子连声应道。

老人吩咐完后径直朝小男孩走去,他用手抚了抚男孩的头,意味深长地说:"我希望你明白,在这世界上最重要的是要学会尊重每一个人……"说完,老人撇下其他人缓缓而去。

中年女人被眼前骤然发生的事情惊呆了,她认识那个男子,他是巨象集团主管任免各级员工的一个高级职员。"你……你怎么会对这个老园工那么尊敬呢?"她大感不解地问。

"你说什么?老园工?他是集团总裁詹姆斯先生!"

"啊,他是总裁?"

中年女人一下子瘫坐在长椅上。

无疑,上例中那位妈妈是失败的,很难想象,在她的耳濡目染下长大的那个男孩子会在生活中学会尊重他人。

作为孩子的启蒙老师,妈妈不仅仅要教会孩子基本的生存技能,更要以身作则,教育孩子尊重父母、尊重身边的亲人。一个不懂得尊重别人的孩子,他对自己的言行举止肯定也不会有最基本的尊重,极端的甚至对自己最宝贵的生命也失去尊重。进入社会,孩子就成了大社会的一分子。作为社会成员,尊重他人,才会赢得别人的尊重。握一个手、道一声好,别人遭遇不幸时持一种同情、怜悯之心,而不是漠然、讥笑;自己收获成功也不傲然自大,而是谦逊、随和,这才是一个社会中的人,才是一个真正大写的人。

● 建议二:父母应该约束自己的言行

家庭教育,绝不仅仅是父母只用语言来教导男孩如何去做,父母的身教更重于言教。因为,男孩更多是通过模仿来学习,年龄越小的男孩,父母的行为对他影响越大。

一位父亲迷上了在网上玩QQ农场的游戏,甚至有点走火入魔。

每天晚上回到家,他首先会打开电脑,登录QQ,再打开游戏页面。就是在吃饭的时候,他也总是把菜拨拉到饭碗里,然后端着饭碗坐到电脑旁,点几下鼠标,扒拉几口饭,眼睛始终不离开电脑屏幕,争分夺秒地种菜、偷菜。

父亲这种投入的"精神"影响了儿子,儿子也时常"摩拳擦掌"地想要去玩上一把。但碍于爸爸的威严,儿子很少跟他抢电脑。

有天晚上,一家人在吃饭,父亲照常端着饭碗坐到了电脑旁。

8岁的儿子先于父亲吃完了饭,就对他说:"爸,你先吃饭,我帮你去偷菜。"

父亲不置可否,低头吃饭,儿子就蹦跳着来到了电脑前。

父亲吃完饭,放下饭碗,用手抹了一下嘴巴,大声说着:"儿子,别玩了,你去看书。"

"让我玩一会儿嘛。"儿子扭动了一下身子,抬起头侧脸望着父亲。

"不行,你得去读书!"父亲不容儿子商量。

儿子不敢坚持,沮丧地离开了电脑桌,来到沙发边打开电视,一边看电视还一边转向父亲的背影,低声嘟囔着:"你怎么不看书?"

上例中这位父亲的行为对儿子已经产生了影响。男孩的模仿能力很强,通常,他更易于模仿父母的行为表现,而不是记住父母的语言教导。

可见,无意中,父母会成为男孩直接的学习对象,不论是父母良好的行为,还是不良的行为,男孩都会模仿。

很多父母会认为,所谓的沟通和教育,就是耳提面命地用语言告诫孩子,应该这么做,不应该那么做。至于父母自己,那就是想做什么就做什么,想怎么做就怎么做了。殊不知,这种只注重言传、忽视身教的沟通方式,很多时候是低效甚至无效的。

孔子曾经说:其身正,不令而行;其身不正,虽令不从。所以,聪明的父母们,你希望男孩成为什么样的人,你首先就要是什么样的人。

父母对孩子必须言而有信、以诚相待,这样,孩子才会对父母产生充分的信任感,也才愿意把自己的心里话告诉父母。

父母应教育孩子在答应别人之前,要慎重考虑自己有没有能力和把握做到,对不能做到的,就不要轻易答应;对比较有把握做到的，也应留有余地，不要大包大揽。父母是孩子的镜子，也是孩子模仿的对象，也只有说话算话的父母才能在子女心目中树立起威信来，才能避免孩子养成说谎的习惯。要教育孩子对别人讲信用、负责任，首先就要从自身做起，给孩子树立榜样，答应的事情就要做到。

3

怎样说男孩才会听

家长希望男孩"怎么做",或"不要怎么做"时,都不宜采取强制方式。因为强制的结果,要么造成男孩被动心理和懦弱性格,遇事没有主见;要么使男孩产生逆反心理,脾气更犟,说什么都不听。

例如,当孩子看电视或小说正起劲而忘了已经到学习的时间时,或知道该学习了,但不想停下来时,一般不宜立即强制孩子停下来,马上去学习;更不能采取夺下小说,关掉电视等"强硬"的行为。因为这样做,孩子要么不愿意,和父母顶撞争吵,要么即使勉勉强强坐在了书桌旁,也不会专心。结果,既破坏了孩子的兴致,也没有使孩子安下心来学习,使孩子整个晚上烦躁气恼,一无所获,甚至到第二天情绪尚难平静。而没有好的情绪,不可能有好的效率,这样下去只能是一事无成。

其实在这种情况下你只需要轻轻提醒一句"该停了"或"到学习时间了",无须多说,随后就走开去办你自己的事,给孩子留下"自觉"的机会。往后,你越是相信他,他也就越是会遵守自己的承诺,会按时停下其他活动,及时地坐下来专心学习。

在此之后，明智的父母若想彻底改变男孩的不良习性及给予适当建议时，可以找个适当的时间和机会（例如在散步时），在轻松愉快的气氛下，给他讲明道理。说明一味凭兴趣，总任着性子干，成不了大事，建议孩子以后一定要以理智和意志支配自己的行动。这样孩子一般能愉快地做出"以后到时间，就去学习"的承诺。

家长们希望孩子能力强，首先应该在培养其自信心方面下功夫。在独生子女人格调查中，我们发现，家庭的教养方式对孩子的自信心影响很大。家庭教养方式主要有六种类型，即溺爱型、否定型、民主型、过分保护型、放任型、干涉型。其中，民主型家庭教养方式和否定型家庭教养方式对子女的自信心影响最大。一般来说，在民主型家庭中，家长们是孩子的朋友，他们经常和孩子商量事情，尊重孩子的想法和意见，经常给孩子表扬和鼓励。所以，孩子的自我接纳程度较高，相应地自信心、自尊感和成就欲望较强。而生活在否定型家庭中的孩子，家长经常打骂、批评孩子，对孩子的责罚多于赞扬，因此，孩子们的自信心相对较差，他们往往不相信自己的能力，总是甘居下游，对未来担忧，对前途充满恐惧。

因此，激发孩子天赋和潜力的重要做法是做民主的父母，对孩子采用民主型的教养方式。家长应尊重孩子，做事经常考虑孩子的想法和意愿，不把孩子当成"附属品"，而当成"独立人"看待。遇事和孩子商量、沟通，多对孩子说"这件事爸爸妈妈想听听你的意思""孩子,这是个严重的问题,咱们商量一下看怎么解决好"这一类商量的话。受到这样的"邀请",孩子会非常开心。他在家中的地位得到了体现,他会从父母的重视中感受到一份尊重,也不再觉得父母高高在上,反而会有种亲近感。

商量的魅力在于,能使家庭关系变得和谐。商量,能使孩子得到大人的尊重,从而使孩子懂得尊重别人,并学会用商量的办法去对待父母和他人,避免冲突和对抗;商量,能使孩子学会从别人的角度来观察事情,思考问题,学会民主和平等、尊重和友谊。

家长在涉及孩子的问题上,尤其要和孩子商量,听一听孩子自己的意见,比如给孩子选什么才艺班、怎样花好零花钱、什么时间看电视、暑假时间怎么安排,怎么玩、去哪玩等,这些都关系到孩子生活能力、兴趣和爱好等的培养。如果不和孩子商量,独断专行,男孩容易产生逆反心理,或对学习丧失兴趣。

● **建议一:与男孩交流需要遵循"二八定律"**

作为家长的你是否经历过这样的情况:当你拖着疲惫的身体,努力地打起精神,准备和儿子好好沟通沟通时,却不是被儿子三言两语打发了,就是被噎得半天回不过神来,不但不能达到了解孩子的目的,还惹了一肚子气,逐渐丧失了和孩子谈话的兴趣,以至于越来越不了解孩子,越来越不知道该怎样教育孩子。因此,家长一定要学会与孩子交谈的技巧。

1897年,意大利经济学家帕累托偶然注意到英国人的财富和收益模式，他发现，社会上的大部分财富被少数人占有了，而且这一部分人口占总人口的比例与这些人所拥有的财富数量具有极不平衡的关系。于是，帕累托从大量具体的事实中归纳出一个简单而让人不可思议的结论，社会上20%的人占有社会80%的财富。这样，我们可以得到一个让很多人不愿意看到的结论：

一般情况下，我们付出的80%的努力，也就是绝大部分的努力，都没有创造收益和效果，或者是没有直接创造收益和效果。而我们80%的收获却仅仅来源于20%的努力，其他80%的付出只带来20%的成果。这就是"二八"法则。

显然，"二八"法则向我们揭示了这样一个道理，即投入与产出、努力与收获、原因与结果之间，普遍存在着不平衡关系。小部分的努力，可以获得大的收获。起关键作用的小部分，通常就能主宰整个组织的产出、盈亏和成败。

所以，我们做事情应该把自己的精力花在重要的少数问题上，因为解决这些重要的少数问题，你只需花20%的时间，即可取得80%的成效。而和孩子谈话，亦是如此。

家长和男孩能够顺利地交流思想，对于相互之间保持良好关系非常重要，家长都希望男孩能跟自己讲讲他们内心的感受，这样家长就可以理解和帮助他们。如果我们问家长："你经常与孩子交流吗？"

得到的回答常常是："当然啦，我们经常说可他一点也不听。"

其实，家长所谓的交谈，其中很大一部分是唠叨、批评、说教、哄骗、威胁、质问、评论、探察、奚落……这些做法不管出发点是多么好，都只会使相互间的关系更加紧张和充满敌意。试想，如果孩子是你的朋友，你总是板起面孔不管不问地说一大堆，你们的友谊还能维持多久？

家长们常常犯一个重要的错误，就是他们说得太多。他们过早地对孩子进行长篇大论式的谈话，并且还常用一些孩子听不懂的词。那些在孩子很小的时候就开始对他们讲大道理的妈妈发现，随着孩子年龄的增长，他们变得越来越不好管教。当他长到十几岁时，他的爸爸妈妈又试图用严厉的惩罚来对待他，但是已经听惯了大道理的孩子甚至比一般的孩子更不接受这种惩罚。

所以要根据孩子的年龄和成熟程度把握好谈话的"度"。美国著名的成功学大师在教导人们怎样对话的时候，建议我们把80%的时间留给对方来发言，把剩下的20%的时间拿来提一些能够启发对方说下去的问题。可以说，对话的过程重在倾听，父母们更是要懂得这个法则。

一般而言，最好对年龄小的孩子侧重管教，而对大孩子则多交谈。例如，告诉2岁的孩子电源是危险的所以不能碰，就不如把他的手一把拉开并严厉地说"不能碰"，这样更能使他立即理解你的意思。

可是，如果你不对一个13岁的偷偷抽烟的孩子详细解释尼古丁的害处，而是简单地责罚他，便不能收到好的效果。在这些男孩的世界中，他们需要大量的空间去表达自己、需要耐心的听众,爸爸妈妈们应多多倾听,让他们说出自己的想法,并且及时解答他们的疑惑。这就像大禹治水,重在疏导,而不是想办法用东西堵塞。

建议二:千万别当唠唠叨叨的家长

小乐早晨喝完牛奶,就在手上抛着空盒子玩,结果一不小心把空奶盒从窗户扔了出去,正巧打到了楼下的一位阿姨。

"谁这么没素质啊,乱扔东西,哟,里面还有牛奶呢!脏了吧唧的……"

小乐一下子意识到自己闯祸了,蹲在窗户边上不敢出声。在一旁的爸爸觉得这是一个很好的教育机会,马上斥责孩子:"你知道这种行为的严重后果吗?"

"爸爸,我错了,我以后再也不往楼下扔东西了!"小乐眼里的泪水已在打转。

"幸亏你扔的是纸盒,如果是铁盒、砖块呢?还不把人家脑袋砸破?万一砸出人命来怎么办?人人都往楼下扔东西,这个小区还能住人吗?"

"爸爸,我不是故意的,我正在……"

"大人说话的时候,你哪来这么多借口?越来越没有规矩了。"

"你自己犯了错误,不知道主动道歉,却躲在这里,我平时是怎么教育你的?"

……

爸爸连连质问、斥责，由纸盒到铁盒到砖块到人命开始，说了一大堆，越说越严重，越说越玄乎，似乎还不满足，仍想继续"发挥"，但这时，孩子变得充耳不闻，表情淡漠了。

经常有家长抱怨，说孩子不听话，一件事讲好几遍也听不进去，讲多了，孩子又嫌自己烦。其实家长应从自身找原因，唠叨的家长往往是缺乏自信、性格软弱的人，对自己讲过的话、做过的事不放心，才会一遍遍地重复。男孩生长在这样唠叨的环境中，很难形成良好的个性。

有位老师，问过孩子们这样一个问题："你们最喜欢什么样的爸爸妈妈？"结果比较集中的回答是：

"平时不多唠叨，而当我心里有事时，他们——"

"说得上话！"

"救得了急！"

"解得了闷！"

……

家长在教育孩子的过程中，的确需要讲究"语言艺术"，唠唠叨叨只会给孩子带来厌烦的情绪。

孩子犯错误后，你还念念不忘地时常唠唠叨叨？

当孩子想要与你交流时，你是否依旧自顾自地说，而不在意孩子的沟通意念？

唠叨并不只是一再地重复要求，即使你加了"请"这个字，还是充满了命令的意味。一个不停地嗡嗡作响的警报器是每个人都想关闭的。

男孩不会主动穿衣服、洗澡、做功课、做家务、使用电话、吃饭、打扫、练习诸如此类的事情，家长要有耐心去教导他们，但是有的家长常会唠唠叨叨的。假如你认为有必要重复地说，那就要改变唠叨的语气，换成提醒的口吻。唠叨让人很厌烦，易招致怒气，提醒的语气听起来则有帮助的意味，表示你和孩子站在同一边。

避免唠叨还要切实地提供男孩自由选择的空间。"记住在晚餐前将你的房间清理干净。"这样的说法能给予你的孩子喘息的空间，尽可能不要经常要求男孩立即做某件事，没有人会对俯冲的轰炸机有正面回应的。

没有人喜欢被控制，也没有人喜欢人家告诉他应该怎么做，特别是如果这个"吩咐"并不有趣。家长越逼迫，孩子就越抗拒，不管他年纪多大，但这并不仅是因为他不想做。持续不断的叨念只会升高家长和孩子之间的温度，制造挑战。谁要让步？谁会赢？

还有一点相当重要，家长必须要注意，那就是男孩想要亲近你又不要太依赖你的持续内心交战。"唠叨"刚好就给了他推开你的机会，但这是不好的开场。而尽可能在降低冲突的气氛下帮助你的孩子学会独立，给孩子一些喘息的空间，让他感觉自己有选择权会相当有帮助的。

总之,在这个问题上应注意以下几点:

(1)别只盯着孩子的缺点。

(2)批评的话不宜多。

(3)注意和孩子的情感交流。

另外,父母对孩子讲话也要经过大脑过滤,要讲在点子上,不要信口开河。说出去的话、下达的命令要算数,不能出尔反尔。

第三章

责任感胜于能力,让男孩对自己的承诺负责

1
培养男孩"勇于担当"

本杰明·富兰克林小时候很热爱钓鱼,他把大部分闲暇时间都花在了那个磨坊附近的池塘旁边。

一天,大家都站在泥塘里钓鱼,本杰明对伙伴们说:"站在这里太难受了,泥浆都快淹没我的膝盖了。"别的男孩也说:"就是嘛!如果能换个地方多好啊!"在泥塘附近的工地上,有许多用来建造新房地基的大石块。本杰明决定利用这些大石块,来建一个小小的码头,这样大家就再也不用泡在池塘里钓鱼了。其他的小朋友对于本杰明的这个建议连声叫好:"就这样定了吧!"他们决定当晚实施他们宏伟的建设计划。

在约定的时间里,孩子们都到齐了,就开始搬运石块,遇到大而重的石块,他们就像蚂蚁那样三五成群地一起搬运。最后,他们把所有的石块汇集起来,建成了一个小小的码头。

大伙儿都很兴奋,本杰明按捺不住地喊道:"伙计们,现在,让我们大喊三声来庆祝一下再回去,我们明天就可以轻轻松松地钓鱼了。""好哇!好哇!好哇!"孩子们高兴地跑回家去睡觉,期待着第二天的钓鱼乐趣。

第二天早晨，当工人们来工作时，惊奇地发现所有的石块都不翼而飞了。工头仔细打量着现场地面，发现了许多小脚印，于是他按图索骥，沿着留下的脚印，到达昨晚刚建成的小码头，他们很快就找到了失踪的石块。工头说："那些小坏蛋，他们偷石头来建了一个小码头。不过，这些小鬼还真能干。"他立即跑到地方法官那儿去报告，对于偷窃行为，法官毫不留情地下令传唤那些偷石头的家伙。幸运的是，失物的主人是位绅士，比起工头来要仁爱许多，另外孩子们在这整个事件中体现出来的气魄也让他觉得非常有趣。所以，他不再追究孩子们的任何责任。

而本杰明的父亲对此事很是愤怒。"本杰明，过来！"本杰明的父亲富兰克林先生用他那具有威慑力的声音命令道。本杰明垂头丧气地走到父亲面前，被父亲问道："本杰明，你为什么要去偷窃别人的东西？"本杰明抬起了先前低垂的头，正视着父亲的眼睛："爸爸，要是我仅仅是为了自己，我绝不会那么做。但是，我们一起搭建码头是为了小伙伴们钓鱼方便。"老富兰克林严肃地说："孩子，你的做法对公众的危害要远大于对石头拥有者的伤害。做错了事情要勇于承担和改正，而不是逃避和狡辩。人类的所有苦难，无论是个体还是公众，都来源于人们一直忽视的真理——罪恶只能产生罪恶，正当的目的只能通过正当的手段去达成。"

本杰明·富兰克林一直铭记着父亲的那次教导，从而指导他以后的人生。后来，他成了美国有史以来最杰出的政治家和外交官之一。

一个人只有真正为公众的利益担当起自己应有的责任时,他的所作所为才变得伟大而值得称颂,而不是通过不正当的手段去达成看上去正确的事情。尤其是男孩,更应该从现在担当起崇高的责任,让年轻的生命因责任而伟大,因勇于担当而大放光彩。

要想成为一名勇于担当的男孩,首先,要培养责任感,拥有一颗充满责任感的心。分清事情原委和正确与否,该做的事一定要做,不该做的事坚决不做。

男孩要学会在相互冲突的责任之间做出正确抉择。选择时应慎重考虑以下因素:哪个责任更为紧迫,更为重要;是否拥有履行责任的能力;是否还有创造性的途径或办法解决相互冲突的矛盾问题。就如本杰明和小伙伴们在偷取石头搭建小码头的时候,应该权衡一下是为大家提供钓鱼、满足一时之快重要,还是工人们建筑房屋重要。考虑一下可不可以采用其他的办法来增添钓鱼的乐趣,而非是将个人的快乐建立在他人的痛苦之上。

男孩不仅要承担责任,还要敢于对自己的行为负责,敢做敢当。当男孩做错事情的时候,不要逃避也不要狡辩,勇于承认错误,主动弥补自己的过失,在错误中吸取教训,才是每一个有所担当的男孩所应该做的。

● 建议一:告诉男孩责任不是强加

他一手打造了沃尔玛,这个始终航行在世界 500 强行列的巨轮。在"天天平价,始终如一"的宣传语中,他把这个零售业王国的领地拓展到世界的每一个角落。而他正在享受着自己多年来用心经营的成果。

他的父亲仅仅是一名贫穷的油漆工,靠着微薄的打工收入供给萨姆·沃尔顿念完高中。就在毕业那一年,他以优异的成绩被美国名校耶鲁大学录取,但是,他却因为缴纳不起昂贵的学费,面临着辍学的窘境。于是,为了缓解经济压力,成功就读耶鲁大学,在假期他开始像父亲一样从事刷墙的工作,希望这样挣够学费。他到处寻找机会,功夫不负有心人,他揽到了一栋大房子的油漆工作。主人是个很刻薄的人,不过他给的报酬非常可观,不但这一学期的学费有了着落,甚至连生活费也能够满足。

这天,整栋大房子的粉刷即将竣工。他将拆下来的橱门板,再刷一遍油漆。橱门板刷好后,晾干即可。但就在这时,门铃突然响起,他赶忙去开门,不料沃尔顿却被一把扫帚绊倒,被磕碰的扫帚又借力碰倒了这块橱门板,橱门板又正好倒在了昨天刚刚粉刷好的一面雪白的墙壁上,经过这一连串连锁反应,墙上立即出现了一道清晰可见的漆印。他立即动手把这条漆印用切刀抹去,又调了些新涂料重新补上。等墙面被风干后,他观望许久,发现新补上的涂料色调和原本墙壁上的有色差。萨姆·沃尔顿此时脑中浮现出那个挑剔的主人,为了即将到手的薪水,他觉得应该将这面墙再重新粉刷一遍,以防出现意外。

终于,他竭尽全力地重新粉刷完毕,第二天一进门,他又发现昨天新刷的墙壁与相邻的墙壁之间的颜色又出现了差别,而且越是细看越明显。他决定将所有的墙壁重新粉刷。

最后,那个苛刻的主人对他的工作相当满意,支付给了他酬劳。这些钱原本够大学费用,但是由于重新粉刷,除去涂料费用,就已经所剩无几了。

这家主人的女儿对于事情的原委了如指掌,便将整个粉刷墙壁的工作告诉了她的父亲。她父亲得知此事后非常感动,在女儿的一再要求下,挑剔的主人终于同意赞助萨姆·沃尔顿上大学。大学毕业后,这个年轻人不但娶了屋主的女儿,而且还就职于这个人所拥有的公司,一举两得。十多年以后,萨姆·沃尔顿成为这家公司的董事长,一手打造了沃尔玛超市的全球商业典范。

取得成功的人,他们往往将自己的责任感付诸自己从事的每一件事情中去,无论大小,不分贵贱,行为与责任保持一致,时刻用"责任"来指导自己的行为。当你真正具备这种观念的时候,你才能对每一件小事都全力以赴,从而对自己的生活充满热情。在你付出责任的同时,也会得到相应的回报。

也许有人会觉得萨姆·沃尔顿做事死板,何必辛苦地来回折腾。诚然,他的做法在有些人眼里是愚蠢的,但正是这种负责任的表现,才导致萨姆·沃尔顿后来的成功。假如他当时只是为了赚钱,稀里糊涂地把屋子随意粉刷,那么,他或许只能赚到粉刷的酬劳,就不会有屋子主人后来资助他上学、把他引进到自己的公司、把女儿嫁给他的事。一件小事,可以窥探到一个人的认真负责程度，而认真负责应该是一个人所应具备的优质品格。

做事认真，追求完美，是一个人成功成才所必须具备的素质。通往成功之路的最好方法就是把任何事情做得精益求精、尽善尽美。有许多同学往往不肯把事情做得尽善尽美，学习和办事时常常用"足够了""差不多了"来搪塞了事，这种马马虎虎的态度会为以后的人生带来许多后患。

不论什么时候，一个把任何事情做得完美无缺的人，总是受人欢迎的。所以我们应该从小树立起这种意识：非把事情处理得至善至美不可。对于任何事，你都要倾注全部精力去做。在学习当中，认真研究好每一道题，看懂每一页书；在生活当中，对任何事情都采取认真负责的态度，不疏忽大意。这不仅可以使你的才能迅速进步，学识日渐充实，而且可以逐步胜任其他更重大的任务，解决更多的难题。做事精益求精是对自己负责，也是对他人负责。当一个人把事情处理得顺顺当当、无牵无挂时，他心里的愉快真非笔墨所能形容。

事情不分大小，但都应使出全部精力，做得完美无缺，否则还不如不做。一个人如能从小养成这样的好习惯，会对性格、品行、自尊心都产生积极的影响。要记住，只有付出全部精力，对事情采取认真负责的态度，精益求精、尽善尽美，你才能超越他人，创造出具有宝贵价值的东西。

建议二：告诉男孩他是别人所依靠的大树

有个人，他往回看了看自己的一生，毫无作为并且贫穷至极。一天夜里，他觉得活下去实在没有任何意义，况且自己也没勇气活下去，于是就来到一处悬崖边，准备以跳崖的方式结束自己的生命。

面对即将到来的死亡，他号啕大哭，站在悬崖回忆此生自己遭受的种种磨难，悲痛万分。

悬崖边的岩石上生长着一株低矮的树，听到此人的悲惨境遇和种种挫折经历，也不由自主地流下了同情的眼泪。

这个人发现树在落泪不止，就好奇地问："看你流泪，难道你也和我一样有类似的不幸吗？"

岩石上的树解释："我可能是这世界上命运最苦的树了。你看看我的位置，生在这块岩石的夹缝之中，食无土壤，渴无水源，终年营养缺失；生存环境恶劣，空间的束缚使得我的身躯不得舒展成长，形貌丑陋至极；根基的扎土浅薄，轻微的风力都能使我摇摇欲坠，寒风袭来令我枝干僵冷。看似我坚强无比，其实我是生不如死呀。"

此人不禁心声同情之心，倍感与老树同病相怜，说："既然如此，为何还要苟且偷生于世间，不如随我一同赴死吧，离开这个残忍的世界！"

树说："我死倒是极其容易，但是不能死，我若亡，悬崖边再无其他树木。"此人疑惑。树接着解释说："你看，我头上有个鸟巢,此巢为两只喜鹊的家,它们一直以来栖息生活在这里,繁衍后代,滋养生息。假如我要是自杀,就这么一走了之,两只喜鹊不就无家可归,流离失所?"

此人听了老树的一番话,忽有所觉悟,就从悬崖边缓缓退了回去。

在这个世界上,万事万物都处于联系之中。我们不仅是一个单独的个体,也在他人的生命中充当着一定的角色,占有着或重或轻的位置。在你觉得自己丧失价值、一事无成的时候,回头看一看,也许你对他人来讲有着重要的价值和意义。为了这份价值,你要为自己的生命和生活负责,这也是对他人的一份责任。

拥有生命是一种偶然,失去生命是一种必然。在生命的偶然和必然之间,其长度、宽度和深度只能由各人自己决定。其中如何才能对自己的生命负责,是每个人都应该思考的一个重大人生问题。

人生有很多责任,你要对很多东西负责。作为一个家庭的成员,子女要对父母负责任,父母要对子女负责任;作为社会的成员,每个人都要对社会负责任。但最根本的责任是一个人要对自己的人生负责任。我们想想看,一个人只有一次人生,如果我们的生命消失了,没有任何人能够代替自己再活一次,如果我们的一生虚度了,没有任何人能真正安慰你,到那个时候说什么都没有用了。我们对自己人生的责任,没有任何人能替自己分担。所以,每个人都应该对自己的人生有最严肃的责任心。

对自己的生命负责，实际上是一个人在世界上其他一切责任心的根源。如果一个人对自己的人生不负责，得过且过，那么这样的人怎么可能对别的事情认真呢？相反，如果你对自己的人生有强烈的责任心，那么，你对你该做什么事、不该做什么事一定会有严肃的考虑，对于你认为应该做的事情，你就一定会负起责任。

所以希望大家珍惜生命，珍惜家人，珍惜爱人，珍惜身边的人。生命不只是你自己的生命，它属于爱你和你爱的人，同样也属于我们的社会和全人类。所以为了善良的爱我们的人们，为了我们的社会，我们负起这最基本的责任吧。

2
让男孩为自己的过失埋单

　　李小姐是刚刚参加工作的应届毕业生,所就职的公司离住所较远。每天清晨7时,公司的专车会准时等候在一个地点接送员工上班。

　　清晨,天气寒冷,她关闭了提醒起床的烦人闹钟,又赖了一会儿床,试图尽可能地多睡一会儿,拖延一些时光,用来怀念以前不必为生计奔波的寒假生活。那个清晨,她比平时起床晚了5分钟,可就是这微不足道的5分钟,让她付出了沉痛的代价。当她慌张地狂奔到公司专车等候地点时,已经7点过5分,班车已经开走。站在空荡荡的马路边,她不知该如何是好,一种无助的挫败感席卷心头。

　　就在她懊悔沮丧的时候,事情好像有了转机,她突然看到一辆蓝色轿车停在不远处的大楼前。她回忆起曾有同事说那是上司的车,于是她窃喜地想真是天无绝人之路,她向那车走去,在犹豫片刻后,打开车门静静地坐在后座,并为自己的聪明而得意。开车的是一位慈祥温和的老司机,他从后视镜里凝视她许久,转头对她说:"你不应该坐这车。"话音未落,上司拿着公文包飞快地上了车，待他在前面习惯的位置上坐定后，她才告诉她的上司说："班车开走了，我想搭您的车子。"话语里充满着随意，她以为这是一件很自然的事情。

上司一愣，果断决绝地说："不行，你没有资格坐这车。"然后用无可辩驳的语气命令："请你下去！"她一下子有些不知所措，那一刻，她意识里充满了迟到之后的严重后果，而且这份工作来之不易。于是，一向聪明伶俐但缺乏社会经验的她变得从来没有过的软弱，她祈求上司："我会迟到的。""迟到是你自己的事。"上司冷淡的语气没有一丝一毫的回旋余地。

随后，她又把求助的目标转向老司机，可是司机依旧面向前方保持沉默。委屈的泪水在她的眼眶里打转，然后，她在绝望之余还对抗着他俩人性冷漠的偏执。他们在车上僵持了一会儿。最后，她的上司竟然打开车门扬长而去。吃惊的她看着有些年迈的上司拿着公文包离车而去，他在凛冽的寒风中拦下了一辆出租车，离开了她的视线，这时泪水终于如决堤的大坝顺着脸颊喷涌而出。

老司机轻叹一口气，说："他就是这样一个苛刻的人。时间长了，你就会了解他的，他其实也是为你好。"之后，老司机给她讲述了自己的故事。那是公司创业阶段，他也迟到过，"那天他一分钟也没有等我，也不听我解释。自此之后，我再也没迟到过。"她默不作声地铭记了老司机的一番话，悄悄地拭去泪水，下了车，转而乘坐出租车去公司。那天她踏进公司大门的时候，上班的钟点正好敲响。

从这一天开始,她长大了。

故事中的女主角为自己的迟到找借口,转移后果,试图用自己的小心思来化解这次危机,却被严厉的上司狠狠地上了一课。做人要对自己负责,不要总指望他人为你的过失买单。当危机发生时,要坦然接受并勇于承担后果,这样你才能成熟并坚强起来。

任何人都可能犯错误。上至领导,下至普通百姓,因为人总有失误或者思想松懈之时。但我们应如何对待错误呢?很多人简单地说,错了就改呗。对,错了是要改,但知错就改的关键是我们是不是真正能够把更改错误付诸实践。

在生活、工作和学习中,我们不可避免地会出现这样那样的失误,犯这样或那样的错误,既然事情如此,那我们就应该坦然地面对,去承担相应的后果,勇于担当自己应有的责任。在现实生活中,我们往往会害怕因为自己承担错误而丢掉面子。面子是最不该要的东西,错就是错了,勇于总结错误的根源,设身处地、切实有效地补救和更改才是根本之所在。

男孩只有从生活中总结教训,能够面对任何突如其来的问题,并且妥善解决,才会加速成长。

● **建议一: 告诉男孩对社会负责就是对自己负责**

作为一名普通的消防战士,他是千万人民子弟兵中的普通一员。他虽不是硝烟战场上的英雄,在这个没有战争的和平年代,他在抗震抢险的战斗中,悄无声息地诠释了人间大爱的内涵;他那为了请求再次救援的一跪,彰显了人类内心深处人性的光辉。他,就是荆利杰,一个让人肃然起敬的年轻人。

2008年5月12日下午14时28分,四川汶川、北川,8级强震猝然袭来。四川绵竹的武都小学教学楼受到强震的影响,坍塌大半,当时不少正在上课的师生被埋在废墟下面,情况危急。

下午3时10分许,绵竹市消防大队的官兵紧急前往武都小学实施救援。刚入伍半年的荆利杰也在队伍之中。

武都小学教学楼外围站着许多惊魂未定的老师和群众,他们焦急地等待,哭声刺痛了官兵的心。情急之下,指导员陈军动员群众、老师加入救援行列,在特勤器材到来之前,只能和官兵们一起徒手救援,在乱石堆中,搬开坍塌的石块。

余震不断发生,钢筋和楼板危机四伏,摇摇欲坠,残存的墙体还时不时往下掉碎石,救援人员对个人安危全然不顾。

到了5月13日上午,救援工作仍在持续着。上午10时许,就在抢救最关键的时刻,教学楼的废墟在突如其来的余震和吊车的操作中发生了巨大的晃动,楼板和墙体已经经不住这样的震动了。随时有二次坍塌的可能性。为了全员官兵的生命,消防指挥部立即下令:所有人员必须暂时撤出,等余震过去后再伺机进入。如果在余震不断的情况下,再次进入废墟救援或者不远离救援现场,结果不敢想象。

然而,就在撤退命令下达之后,几个刚从废墟出来的战士大叫又发现了孩子。

几个战士听见后,没有丝毫犹豫转头又要往里钻。这时坍塌正在发生,一块巨大的混凝土摇摇欲坠。想去救人的战士被战友们死死地拽住,两帮人在废墟上拉扯。最终,想去救人的战士被拖到了安全地带。

这时,荆利杰做出了一个惊人举动,跪倒在地,哭着大喊道:"我知道很危险,但求求你们,让我再去救一个吧!我还能再救一个!"

所有人都为荆利杰的壮举流泪了。一个士兵的哭泣,诠释了"出生入死"这四个字,此时听来,竟是如此惊心动魄。

看到这个情形所有人无计可施,所有人都落下了眼泪,只能眼睁睁地看着废墟第二次坍塌。荆利杰的跪地哭喊和他的那句话,反映了当代军人肩负的重大责任和崇高信仰。

作为军人,肩负着保卫家园和民众的重大使命,这种责任在穿上威严军装的那一刻就已经落在他们的肩上了,这种责任是自始至终深植于内心的。在最危险、最紧要的关头,他们总能英勇地出现在最需要他们的位置上。在危难当中,冲在最前面的、不顾个人安危的,总是人民子弟兵。

作为公民,社会责任让我们有一定的承担,一个人真正为公众利益着想,并且勇于担当起自己力所能及应尽的责任时,他的所作所为才变得异常伟大而大放光彩,令人称赞。

青少年作为国家的栋梁，关乎未来和希望，更应该从自身担当起崇高而不显浮华的责任，这是一个人有生以来最重要的使命之一。

在我们生活的世界中，每个角色的背后都承担着一份相应的责任。作为子女，孝敬父母，赡养老人，是我们的责任；作为学生，遵守学校纪律、完成当前的学习任务，是我们的责任；作为朋友，相互帮助，共同进步，是我们义不容辞的责任；对于陌生人，虽然萍水相逢，伸出援助之手是美德；作为普通公民，热爱祖国也是一种责任感；作为社会成员，应该维护正义、保护身边环境、和睦相处。

人人都意识到自己扮演角色所应尽的责任，并勇于承担责任，履行义务。责任决定品质，从一个人的责任心的轻重，完全可以看出这个人的内在品格来。责任心是青少年做人、成人的基础，只有勇于承担起自己的责任，我们才能扮演好成功的角色，垒筑好生命的平台。

建议二：告诉男孩细心负责是成功的关键

1998年4月，海尔集团在全公司范围内掀起了向员工魏小娥学习的活动，学习她"认真处理每一个问题的精神"。

海尔公司当年为了发展公司的整体卫浴设施的生产，在1997年8月，33岁的魏小娥被派往日本学习世界上最先进的整体卫浴的生产技术。在此期间，魏小娥发现，日本人试模期废品率大多都保持在30%~60%，设备调试正常后，废品率竟然降到2%。

魏小娥问日本的技术人员："为什么不把合格率提高到100%？"日本技术人员认为这是不可能的。当时，魏小娥就意识到，不是日本人能力不行，而是思想上就放弃了那2%。作为一名有使命感的海尔员工，魏小娥对自己要求的严格标准就是100%，她没有浪费在日本的一分一秒，3个月后学成归国，带着日本人先进的技术知识和赶超日本人的信念重返海尔，并且为自己定下了"要么不干，要干就干到最好"的要求。

时隔半年，日本模具专家宫川先生来华访问，见到了当时还是"学徒"此时已是卫浴分厂的厂长的魏小娥，面对着一尘不染的生产车间、操作熟练的员工和100%合格的产品，他震惊了，连忙向她讨教其中的奥秘。

宫川先生问："你们是怎样做到现场清洁的？100%的合格率对于我们来说是不可能的，2%的废品率、5%的不良品率就已经合乎我们的标准，你们又是怎样把产品合格率提高到新的高度？"

"用心。"魏小娥简单的回答让宫川先生思绪万千。诚然，"用心"看似简单，实则不然。

在这里有一个关于魏小娥的故事。在一次试模的前一天，魏小娥在原料中发现了一根头发。这势必会增加废品率。魏小娥马上给操作工统一制作了白衣、白帽，并要求大家统一剪短发。又一个可能出现2%的废品率被消灭在萌芽之中。

2%的责任得到了100%的落实，2%的可能被一一杜绝。终于，

100%，这个被日本人认为是"不可能"的产品合格率，被魏小娥落实了，这个100%的标准存在于试模期间和设备调试正常后。

所谓"认真"，就是用你的生命热度，用你全身心的真实情感投入，用你整个灵魂最激情的热度，去持之以恒坚持不懈地完成一件事，这是一种自始至终的态度。毛泽东说过："无论做什么事，怕就怕在'认真'二字。"认真，说起来容易，做起来难。我们在处理任何一件事情，不论大小、不论难易，都要求我们全力以赴地认真去做，这样才能够面对各种问题，化难为易，迎刃而解。

把握生活中的细节，就要求我们留心观察周围的事物，在平时多思考、多方位想问题的解决办法。我们要善于发现生活中一些别人容易忽略的风景，体味别人未曾关注的生活细节，这是一种注重细节的生活态度。只有珍惜生活，热爱生活，你才能把握生活的细微之处。

3

责任是命运对男孩的馈赠

那一年,李娟从北京广播学院播音系毕业。作为播音系的一名学生,能够到中央电视台工作是最好的出路。李娟也希望到央视工作,可到那儿实习的不只她一人。

北京广播学院距离中央电视台有20多千米,每天早晨,李娟5点多准时起床,6点多第一拨离开学校。在赶往城里上班的人群中,她是其中一个。顶着夜色最晚回去的,也是李娟。很快,台里便安排李娟录播体育新闻。

那是4月份的一天,风挺大。录了像,6点多就可以走了,李娟回到学院已经晚上8点多了。忽然,她想起一个字:镐。那时韩国围棋奇才李昌镐还不是很有名。恰巧"镐"有两个读音,一是"gǎo",一是"hào"。李娟想,这个字有两个读音,该怎么读?于是就请教了台里的老同志,老同志果断地说:"李昌镐(gǎo),李昌镐(gǎo)!"于是李娟就念:"李昌镐(gǎo)……"

回到学院,李娟还在琢磨这事儿。买饭时,跟同学说起来,同学说,应该念"hào"!李娟说,我也觉得应该念"hào"!回到宿舍翻阅了字典,可是字典里只写了地名的时候应该念"hào",

但没有注明人名的时候应该念什么。于是她还是拿不准,又给一个老师打电话,老师说:念"hào",没错!

坏了,录音的时候念成"gǎo"了,怎么办?上学的时候,都把一些播音员念白字、错字的经历当笑话讲。李娟顾不上吃饭,急忙赶回电视台。赶到台里的时候,已经是晚上9点50分了。李娟直接来到三层的播音室,把录像带取出来,找到播音员,把"gǎo"改成了"hào",但还是不放心,一直看着播完,才放心地回校。在电梯间,李娟碰到了台长,她和台长打了招呼:"台长,您好。""啊,小姑娘,怎么这么晚才走?"李娟略带歉意地回答:"有个字录音的时候念错了,我回来改一下。"台长说:"你住哪儿啊?""住广院。""很辛苦啊。""没办法,念错了字,要改过来的。"

到了电视台门口,台长上了专车,李娟挤上了公共汽车。

最后,在中央电视台实习的五个学生中,只有李娟一人被留了下来。

责任心使得我们充分地完成任务,对于个人内心也是一种坚守和品格的升华。凡是具备一颗强烈责任心的人都会对所做的事情投入极大的热情,并且按时保质地完成自己的任务。在有人或无人监督的情况下都能自主独立去做事,并且主动承担责任而丝毫不逃避所犯下的错误。

俗话说,人无完人,生活中没有人把每件事情都做得完美。

男孩天性好动，犯错误更是常事。家长要让孩子明白，谁都会犯错误，犯错误本身并不可怕，可怕的是犯错后不去承担相应的责任。父母要让男孩学会说"对不起"，这其实就是教育孩子要勇于承担自己的责任。一个做错了事而不敢去承担的人，就是一个没有责任感、没有价值感的孩子，他无法找到自己的生命在社会中的地位与重要性，也找不到前进的方向，就失去了创造成就的动力，最终将一事无成。这样的孩子是可悲的，这样的家长也是失败的。

有的家长认为男孩做错事时道不道歉并不重要，只要下次注意就可以了。更有的家长明明发现男孩做了错事，不但不指导孩子改正，还教孩子如何隐瞒。当错误产生时，家长对孩子姑息放任，其实就是变相地提示孩子，自己的错误可以不用承担。

每个人都不是天生就具有责任感的，都是在适宜的条件和环境下萌发的，并随着年龄的增长和心智的逐渐成熟而形成的。因此说，家庭是男孩责任感赖以滋长的土壤，家长对待男孩的态度以及教育方法，是孩子的责任感能否形成的重要条件。

● 建议一：告诉男孩什么是责任

1920 年，有个 11 岁的美国男孩踢足球时不小心打碎了邻居家的玻璃。邻居向他索赔 12.5 美元。在当时，12.5 美元是笔不小的数目，足足可以买 125 只母鸡！

闯了大祸的男孩向父亲承认了错误，父亲让他对自己的过失负责。

男孩为难地说:"我哪儿有那么多钱赔人家?"

父亲拿出12.5美元说:"这钱可以借给你,但一年后要还我。"

从此,男孩开始了艰苦的打工生活,经过半年的努力,终于挣够了12.5美元这一"天文数字",还给了父亲。

这个男孩就是日后成为美国总统的罗纳德·里根。他在回忆这件事时说,"通过自己的劳动来承担过失,使我懂得了什么叫责任"。

里根应该庆幸,庆幸自己有这样一个让自己懂得什么叫责任的父亲。里根的父亲懂得"小男子汉"应当学会对自己的行为负起责任。打碎了玻璃,就要相应赔偿,如果钱不够的话,父母可以借钱给他,但这不意味着他会得到父母一分钱的"财政补贴",为了偿还这笔债务,里根必须要有自己的还款计划。比如,早晨为附近的邻居送牛奶、取报纸,周末为别人修剪草坪,节约自己每周的零花钱,等等。

有一次,一位外国妈妈带着自己7岁的儿子到中国一个朋友家做客。

女主人对外国友人的到来非常高兴,特别学习了西餐的做法。她对外国母子说:"今天我做西餐给你们吃,你们尝尝中国人做的西餐味道好不好。"

7岁的男孩听女主人要给她们做西餐，心想：中国人做西餐肯定不好吃。于是，当女主人问他吃不吃的时候，小男孩坚定地回答："我不吃。"

等女主人把西餐端上来的时候，小男孩一眼就看到了漂亮的冰激凌。这么好看的冰激凌味道肯定很好！小男孩有点迫不及待地对妈妈说："妈妈，我要吃冰激凌。"

女主人很高兴男孩能够喜欢自己做的冰激凌，就高兴地把冰激凌端到小男孩面前，说："来，吃吧！"

谁知，男孩的妈妈严肃地对女主人说："不行，我儿子说过他不吃西餐，他要为自己说过的话负责，今天他不能吃冰激凌！"

小男孩着急地哭起来："妈妈，我就想吃冰激凌！"但是，这位妈妈根本不为所动，只是对儿子淡淡地说："你得为自己负责。"

女主人看着，觉得男孩的妈妈也太认真了，就说："给他吃吧，孩子总是这样的。"

男孩的妈妈严肃地对女主人说："亲爱的，我们要培养孩子的责任心。"

结果，无论男孩怎么哭闹，妈妈就是不同意让他吃冰激凌。

孩子们做事情经常是随心所欲的，如果我们不加以引导，这种倾向就有可能让孩子变得不懂得自制。故事中那个外国妈妈的做法值得我们借鉴，不管事情大小，在孩子做出决定或者说出某句话后就必须承担责任，为自己的行为负责。

如果你的儿子从学校回家比平常晚了半小时，你会怎么做？斥责？怒骂？当然不，这些方式不仅于事无补，还会加深孩子的叛逆和反感心理。我们试想一下：如果上面故事中的外国妈妈遇到这件事她会怎么做？从她处理冰激凌这件事情来看，她会对孩子表示充分的理解，但是，她也会明确地告诉孩子："你玩的时间自然也就少了半小时，这个时间我们可要遵守。"

因为这个妈妈明白，只有让孩子懂得自己的行为将会产生什么后果，他才会对自己的行为负责任。

在培养男孩的责任心之前，我们还应该注意一点，那就是，男孩做事往往是凭兴趣的，要让男孩对某件事负责到底，必须清楚地告诉他做事的要求，并且与处罚联系在一起。这样，他才会明白一个人是要对自己的行为负责的道理。

日本著名的文化人类学学者高桥敷先生，在他《丑陋的日本人》一书中，曾详细记述了这样一个真实的故事：当年，高桥敷先生在秘鲁一所大学任客座教授，曾与一对来自美国的教授夫妇比邻而居。有一天，这对夫妇的小儿子不小心将足球踢到了高桥先生的家门上，一块花色玻璃被打碎了。

发生了这样的事情，高桥先生和他的夫人按照东方人的思维习惯，估计那对美国夫妇会很快登门赔礼道歉。然而，他们想错了。

那对美国夫妇在儿子闯祸之后，根本就没有出现。

第二天一大早，是那个孩子自己在出租车司机的帮助下送来了一块玻璃。小家伙彬彬有礼地说："叔叔,对不起。昨天我不留神打碎了您家的玻璃,因为商店已经关门了,所以没能及时赔偿。今天商店一开门,我就去买了这块玻璃。请您收下它,也希望您能原谅我的过失。这种事情再也不会发生了,请您相信我。"

高桥夫妇不仅原谅了他,而且喜欢上了这个懂礼貌的孩子,他们款待孩子吃了早饭,还送他一袋日本糖果。

原以为事情画上了句号。出人意料的是,当孩子拿着那袋糖果回家之后,那对美国夫妇却出面了。他们将那袋还没有开封的糖果还给了高桥夫妇,并且解释了不能接受的理由:一个孩子在闯了祸后,不应该得到奖励。

茨格拉夫人曾说:"有时候,做父母的内心也会在爱与公平之间摇摆犹豫,但是不能因为男孩的借口而一味地迁就他的喜好,让他逃避责任。男孩如果没有按规定整理好他的书柜,那么面对他喜爱的电视节目,我们也只能做出很'遗憾'的决定。"

孩子年幼,一般做不出太"出格"的事,如果父母总是出面代孩子"受过",久而久之,孩子就会觉得因为有父母"罩着",万事都可迎刃而解,从而逐渐变得肆无忌惮、为所欲为。

中国有句古话:"好汉做事好汉当。"孩子做了损害别人利益的事,让他自己向人家道歉,赔偿损失,这不仅是为了取得别人的原谅,更重要的是使孩子从小就懂得为自己的言行切实负起责任来,这对增强孩子的自律精神,以便将来独立地全面承担人生的责任,非常有好处。

要想让自己的男孩成为一个有责任心的人,就应该教育男孩要勇于为自己的过错负责。犯了错误要勇于认错,承担犯错带来的一切后果,而不是推卸责任,责怪别人。这样,男孩才能承担大任,才能在激烈的竞争中独领风骚。

● 建议二:男孩对自己要有责任承诺

有智慧的父母并不是为男孩安排好一切,而是教他成为世界的主人,将他培养成能够对自己负责的人。如果父母将一切都为孩子安排妥当,会使孩子失去自己组织自己生活的能力和敢作敢为的勇气,日后的独立生存能力同样值得人怀疑。

在父母的悉心照顾下,在凡事都已准备好的情况下,男孩必然会失去自己计划、安排的能力和敢作敢为的勇气。父母的包办只能让男孩的独立和责任意识薄弱,这样的孩子以后步入社会,生存能力也让人大为怀疑,所以家长要有站在一旁的态度,孩子的事情让他自己做。

美国的家庭在吃饭的时候,也注意培养孩子独立思维的能力,孩子吃饭,必须自己决定喜欢吃什么,不喜欢吃什么,或者自己是否吃饱。如果明明没有吃饱,而是因为贪玩而不再吃饭,那么过一会儿一定会挨饿,因为那是他自己的选择,他必须要自己承担后果,真正尝到了苦处,以后才不会再犯。美国的家长爱说,犯错误是一个不可缺少的学习过程,儿童教育学家对这一认识尤其重视。美国家长相信,孩子的生活是孩子自己的生活,不管是现在还是将来,孩子只能过自己独立的生活。

据介绍,美国孩子很小就与父母分开来住,单独睡一个房间。孩子到了 18 岁时,就得自己挣钱解决生计,父母并不是没有钱,而是让孩子自己挣钱早日独立。美国孩子从小就经常听到父母的口头禅"要自己照顾好自己",让孩子自己挣钱,是让孩子知道挣钱的辛苦和不容易,以及挣钱的价值。

美国的父母从小就注意培养孩子独立生活的能力,孩子依赖父母只是源于父母的过分帮助和保护。当孩子满怀热情,想自己动手尝试时,父母的一个"不"字只会打消孩子的积极性,久而久之,孩子不再想做,也逐渐地想不到去做了。如果父母总是习惯为孩子安排好一切,这样也向孩子传达着错误的信息,给孩子造成一种不需要自己做的印象,孩子得不到机会去学习照顾自己,依赖心理也就悄然而生。

那么,父母如何让男孩摆脱对父母的依赖呢?父母要做的,除了从对男孩的照顾中把自己和男孩解放出来,还需要注意哪些呢?著名的心理学家艾里克森给父母们提出了几点建议:

第一,鼓励男孩不断地进行尝试。比如洗衣服,有的父母担心孩子洗不干净,把水洒得到处都是,于是进行干涉,这样只会让孩子产生强烈的挫败感,这对孩子独立性的培养大为不利。家长不妨告诉孩子洗衣服的步骤和注意点,这样,孩子经过几次尝试之后,自然熟能生巧。

第二，不断强化男孩的适应能力。父母可以让孩子在家中做一些力所能及的事情，比如倒垃圾、叠被子、打扫卫生、洗菜等，这样能增强孩子独立做事的能力，摆脱孩子凡事都要依靠父母的习惯。千万不要想着孩子动作太慢，就不让他做家务，否则只会养成孩子依赖的心理，也更容易让孩子丧失对家务的参与和责任感。

第三，利用榜样的作用激励男孩，对男孩摆脱依赖及促进其独立自主也能产生一些积极的效果。可以经常告诉孩子一些名人独立的故事，让他从中汲取力量。在孩子做事的时候，积极地鼓励他，也能增强孩子的自信心和独立做事的热情。

第四章

良好"小"习惯，成就"大"未来

1

制订"删除坏习惯"计划

最近半个月,一向表现很好的侯阳在上课期间出现了注意力不集中、爱打瞌睡、目光呆滞、脸色苍白的状况,精神状态极度不佳,常拖欠作业,学习成绩也有所下降。班主任王老师观察到后,关心地问道:"侯阳,马上就要期末考试了,是不是学习压力太大了,没有休息好啊!看上去你脸色不好,还是去看看医生吧!""没有,不用——不用——真的不用,王老师我没有不舒服,不用去医院。"侯阳吞吞吐吐地回答道。

一个星期过去了,侯阳的精神状态还是没有好转的迹象,学习成绩下滑得比较快。王老师决定去侯阳家进行家访。在家访中,王老师得知侯阳一回到家,就把自己关在房间里,不像往常一样帮妈妈干些力所能及的家务,常常要爸妈敲好几次门才出来吃饭。吃完饭后,放下碗筷又把自己关在房间里。王老师说道:"侯阳近来精神状态不太好,现在学习任务比较重,但还是要有充足的睡眠,这样才能开始第二天的学习。"爸妈听后一脸的疑惑,忙说道:"侯阳的作息时间一直没有改变,他晚上很早就睡觉了,怎么会精神状态不佳呢?"这究竟是怎么一回事呢?这样他们疑感不解。当得知侯阳的学习成绩也有所下降时,他们决定好好地观察一下侯阳。

侯阳像往常一样,很早就上床睡觉了。爸妈也像平常一样,早早地熄了灯,但他们并没有睡,而是躲在门后观察对面房间儿子的一举一动。没多久,儿子房间发出一丝丝微弱的灯光,爸妈轻轻地走了过去,侧着身子静静地在门外听房间里有什么声响。此时,从房间里传出了"噼噼啪啪"的声音,爸妈打开门一看,只见侯阳坐在电脑前正聚精会神地玩着电脑游戏,对于爸妈的突然闯入,侯阳丝毫没有注意到,还沉浸在虚幻的游戏里。爸妈终于找到侯阳精神状态不佳的原因了。

最近一个月以来,侯阳感到学习压力大,想以玩电脑游戏作为一种释放压力的方式。没想到却从此迷恋上了游戏,常常抑制不住,甚至背着爸妈通宵达旦地玩游戏。

学习成绩下滑的事实和爸爸妈妈的劝导,让侯阳下定决心改掉自己迷恋游戏的坏习惯。

傍晚放学回家,他像往日一样帮助妈妈做家务,转移自己对游戏的注意力。晚饭过后,他帮着妈妈收拾碗筷,回到房间做好作业,预习好第二天的功课后,就和爸妈一起散步,一边散步一边谈论见到的趣事。爸爸常常和他一起下棋,陪着他练习书法,渐渐地侯阳玩电脑游戏的时间越来越短了,对游戏不再像以前那样痴迷了。他发现自己还有那么多的兴趣爱好,在转移自己对游戏的注意力的同时,更是一种修身养性。

习惯是人生的主宰，一个好的习惯让人受用一生，许多个好习惯加起来，就可以成就一个人一生的辉煌。性格决定命运，习惯作为思维、心态的反复再现而成了性格的一部分，所以我们说习惯决定命运。从小培养好习惯，改掉坏习惯，青少年的命运也将随之改变。

● **建议一：及早发现男孩身上的"坏苗头"**

一个罪犯回忆他童年的经历：

有一次，奶奶带我去商店，我顺手牵羊拿了一块面包，奶奶当时看见了，她并没有责怪我，还让我带着面包快走。当我每次偷得同学东西时，奶奶都替我保密，从来没有告诉过爸爸。后来我偷了越来越多的东西，从偷同学的橡皮，到偷钱，甚至偷遍了一个社区。于是我从一块面包开始，学会了偷东西。

小时候，每次我和同学闹了矛盾，甚至欺负了同学，妈妈都没有表过态。就是别的同学的家长找过来，妈妈也没有说过什么。因此我认为欺负人不是什么大不了的事。我经常欺负别人，到了社会上，我更是变本加厉。妈妈看势头不好，想阻止，但已经晚了。我早就走上了一条不归路。

美国斯坦福大学心理学家詹巴斗曾进行了一项试验：把两辆一模一样的汽车分别放置在帕罗阿尔托的中产阶级社区和杂乱的

布朗克斯街区。停在布朗克斯街区的那一辆车被心理学家摘掉了车牌，并且打开顶棚，结果不到一天就被人偷走了。而停放在帕罗阿尔托的那一辆，停了一个星期也无人问津。后来，詹巴斗用锤子把这辆车的玻璃敲了个大洞，结果短短几小时，这辆车就被偷走了。

政治学家威尔逊和犯罪学家凯林以这项试验为基础，提出心理学上的一个定理——破窗定律。他们认为：如果有人打坏了一栋建筑上的一块玻璃，而这扇窗户又没有得到修复，别人就可能受到某些暗示性的纵容，去打烂更多的玻璃。久而久之，在这种公众麻木不仁的氛围中，犯罪就会滋生、蔓延。

同时这个定律也告诉我们家长，在孩子的成长过程中，如果我们对他犯下的错误不闻不问、反应迟钝或纠正不力。其后果可能更加纵容了他的这种行为。于是用不了多长时间，他就会由偷一块面包发展到偷别人的金钱，由犯了一件小错发展到犯罪，最终铸成大错。

孩子事情无小事，所有的小事对孩子来说都是大事。父母眼中的"小错误"，对当时的孩子来说，就是"大错误"。父母对这些"小事"的忽略，其实是对孩子最大的误导。

当第一扇窗户被打碎时，请及时地去修缮；当孩子第一次犯错时，请好好修复这种"小破坏"。

● **建议二：有步骤、有计划地删除坏习惯**

习惯是最顽固最坚强的重复行为。冰冻三尺非一日之寒，男孩很多坏习惯坏毛病不是一天养成的，要克服这些不好的坏习惯坏毛病，就需要在大脑中要有一个明细的方案和备案。

（1）要充分认识好习惯的重要性、坏习惯的危害性，你才能有坚定的决心、坚决的行动去"删除"坏习惯。

（2）许多青少年面对自己的"坏习惯"没有足够的自制能力和意志，经受不住"坏习惯"的纠缠。比如无法控制网络、烟酒的诱惑等。那种凡事都无所谓的想法，使自己偏离了健全的自我意识的轨道。青少年应根据自己的实际情况，为自己制定一个惩罚"坏习惯"的制度，通过自我努力，达到有效控制、克服坏习惯，达到自我完善。

（3）按部就班，一步一步做起。一旦决定改变习惯，就拟定当月的目标。目标不可过大，比如有人戒酒时，就采用每天比前一天少喝一点的办法，最后戒掉。

（4）古人说，要"齐家治国平天下"须从"修身、养性"开始，即从点滴的习惯开始，行知并重。要想克服拖延的坏习惯，就必须懂得珍惜时间；要想克服懒惰的坏习惯，就必须勤奋；要想克服打架斗殴的恶习，就必须学会宽容。

（5）我们常说万事开头难，一个新习惯的诞生，必然会冲击相应的旧习惯，而旧习惯不会轻易退出，它要顽抗，要垂死挣扎。另外，我们的机体、心灵也需要时间从一种状态过渡到另外的状态，需要一个适应过程。从记忆的角度讲，人也需要不断复习新建立的好习惯，以求强化它。所以，前三天要准备吃点苦，要下功夫，要特别认真，过了这一关，坦途就在眼前。

（6）为自己找个榜样，看看成功人士是如何改掉坏习惯的。

要改变坏习惯，男孩们还可以尝试以下做法：

（1）认识到自己有什么坏习惯必须改掉。例如使你逃避问题的习惯，使家人、朋友或同学厌烦的习惯，你觉得并不能带来愉快但又不能自拔的习惯等，都是必须改掉的坏习惯。

（2）学一点风趣、机智。让别人与你谈话都觉得很愉快，乐意听你说话。

（3）学会提问，而且问得恰当。问别人私事要适可而止，切不可追根问底。对别人关切的事能表示关怀，有诚意对他人做进一步的了解。

（4）不可装着自己什么都懂。不知道就说不知道，诚恳地问人家，更容易给人亲切感。

（5）找一些有利的新朋友。例如你要改掉暴饮暴食的习惯，就和饭量小的人一起吃饭。

（6）多参加各种各样的活动。不要把自己的快乐活动限制在你喜欢的那一、两项中。

2

懒惰的男孩要不得

懒惰就是寄成功的希望于幻想,从而渴望不劳而获。懒惰的人总是被外界逼迫着做事,在被动中遭受着"不得不"的折磨,在空虚中享受着自欺欺人的舒适。懒惰是男孩人生的腐蚀剂,它使原本甜蜜的生活变得苦涩,使原本光彩的人生变得晦暗。使他们的许多理想、目标、规划、希望、追求,因为懒惰而变得遥遥无期,无法实现。

天下的父母都不希望自己的孩子在懒惰中堕落,尤其是对将来在生活中担当重任的男孩来说,懒惰无疑是成长的绊脚石。所以,父母要根据懒惰男孩的行为,督促他们改掉这个坏习惯。懒惰男孩在生活中的表现如下:

(1)能从事自己喜爱做的事,不爱从事体育活动,心情也总是不愉快。

(2)整天苦思冥想而对周围漠不关心。

(3)日常起居无秩序,无要求,不讲卫生。

(4)常常迟到、逃学且不以为然。

(5)不能专心听讲、按要求完成作业,文具常不配齐。

（6）不知道学习的目的，不能主动地思考问题。

（7）奢侈浪费，花父母的钱大手大脚。

（8）不思进取，每一天得过且过。

在日常生活中，父母应该怎样帮助男孩改变他们懒惰的习惯呢？父母可以建议男孩从以下几方面着手。

1. 不满足于现状，保持一颗进取心

进取心是一种永不停息的自我推动力，它会使他们的人生更加崇高。拥有进取心之后，那些不良的恶习就没有滋生的环境和土壤，久而久之，懒惰的习性就会逐渐消失。

2. 学会肯定自己，勇敢地把不足变为勤奋的动力

学习、劳动时都要全身心投入争取最满意的结果。无论结果如何，都要看到自己努力的一面。如果改变方法也不能很好地完成，说明或是技术不熟，或是还需完善其中某方面的学习。扎实的学习最终会让你成功的。

3. 做一些自己感兴趣的事

不要只看结果如何，只要这段时间过得充实就该愉快。

4. 激发学习兴趣

兴趣是勤奋的动力，一个人对某项事物产生了兴趣，便会积极主动地投入，消除怠惰。

一个人的发展与成长，天赋、环境、机遇、学识等外部因素固然重要，但更重要的是自身的勤奋与努力。没有自身的勤奋，就算是天资奇佳的雄鹰也只能空振双翅；有了勤奋的精神，就算是行动迟缓的蜗牛也能雄踞塔顶,观千山暮雪,渺万里层云。成功不单纯依靠能力和智慧,更要靠每一个人自身孜孜不倦的勤奋努力。

● 建议一:男孩别当拖拖拉拉的"小蜗牛"

"明天,明天,还有明天",很多人总是在这样的自我安慰中度过一个又一个今天,殊不知,时间不停息地奔赴终点,当你把今天应该完成的事拖到明天去做时,这个"明天"就足以把你送进坟墓了。

每个人的生命都是有限的,父母应该让男孩明白:当拖延成为他的习惯时,死神也就在不知不觉中来临了。他可以给自己时间,但生命却不会给他时间,正如中国古代诗人李商隐所吟诵的"人间桑海朝朝变,莫遗佳期更后期"。

男孩子拖延自己的时间,往往有三分之一的原因是自我欺骗,另外三分之二是逃避现实。之所以坚持自己这样的拖延行为,还因为他自己从中得到了一些"好处":通过拖延,他显然可以不去做那些令自己感到头疼的事,有些事情他害怕去做,有些事情他想做又害怕行动。

欺骗自己的各种理由让他心安理得,因为他觉得自己还是个实干家,也许就是慢一点的实干家。

只要能一拖再拖,他就可以永远保持现状,无须力求改进,也不必承担任何随之而来的风险。

他厌倦生活，抱怨说是其他人或一些琐事让他情绪消沉，这样他便轻松摆脱责任，并且推卸给客观环境。他通过拖延时间，让自己在最短的时间内完成工作，如果做得不好，他会说："我时间不够！"

男孩找借口不做任何没把握的事情，以避免失败，这样他觉得自己还真不是个低能的人。

就这样，拖延成了他用来逃避的通行证，他和社会上千万人一样像草木般活着，遇到任何困难都不当机立断，任其耽误下去。

所以，一定要找到可以有效对付拖拉作风的方法。

1. 确定一项任务是否非做不可

当他们感觉一项任务不重要，做起来自然会拖拖拉拉，若是这项任务真的不重要，就立刻取消它，而不是既拖延又后悔。有效分配时间的重要一环，是取消可有可无的任务。应该从他的日程表中把乱糟糟的东西清除。

2. 把任务委托给其他人

有时候，任务是能完成的，但是他不喜欢做。他不愿意可能与他的兴趣或专长有关，这时如果他把任务委托给一个比他更适合做、更乐意做的人，那么两人就都成了赢家。

3. 确定好处与优势，立即行动起来

很多男孩往往因为看不到完成一项任务有什么好处而拖拖拉拉。也就是说，他们做这项任务时付出的代价似乎高于做完之后得到的好处。应付这个问题的最佳方法是让他从目标与理想的角度来分析这个任务。如果他有个重大目标，那他就比较容易拿出干劲去完成有助于他达到目标的任务。

● 建议二：帮男孩改掉丢三落四的毛病

孩子丢三落四是常见现象，男孩子比女孩子更加明显。孩子做事拖拖拉拉大手大脚，家长一边埋怨着"男孩就是不如女孩细致"，一方面跟着孩子后面查缺补漏，恨不得天天跟在孩子后面，唯恐孩子因为忘了东西而耽误事。

很多家长都有去学校给孩子送忘记带的作业、学习用具的经历吧？孩子总是匆匆忙忙地赶着上学，发现东西忘了就打个电话给爸爸妈妈，于是家长就会冒着上班迟到的风险风风火火地先赶去学校给孩子救场。但不知道家长们有没有这样的发现：给孩子送了一次东西，孩子很可能过不久还会忘记带另外一样东西，还是会打电话向父母求助……

孩子之所以丢三落四，主要有三种类型：一是态度马虎，没有听完或听清别人的话，就急急忙忙去做；二是生活缺乏条理，东西总是乱放，没有合理的秩序安排；三是记忆力较差，对事情的考虑还不周全。用一句话来说，都是由于孩子缺乏自我管理意识造成的。倘若家长事事代劳，那么孩子的自我管理能力就很难完善，也就很难改掉丢三落四的坏习惯。所以建议家长不要总是抢着为孩子的行为"买单"，有的时候，让孩子吃点苦头才是最佳的教育方法。

虽然很多家长都想要自己的孩子没有丢三落四的坏毛病,可是一到丢了东西之后,便很快地安慰孩子,并且买新的代替。其实,只有多让孩子尝尝"苦头",孩子才能记住以后应该怎么做,从而提高自我管理意识水平。

刚刚回家后一脸的害怕,原来他把新买的自行车又放到楼下,结果丢了。这是刚刚丢的第三辆自行车了。刚刚的爸爸知道后很生气,但话语中没有表露,只是告诉他既然这样粗心,那就自己想办法去学校吧。学校离家虽然不是特别远,但这段距离也让刚刚深深地记住了,做事情一定要细心。

一天,小磊的学校举行活动,规定要穿校服、戴红领巾。可是刚下楼不久,小磊就按对讲门铃,要爸爸给他送落下的红领巾。可是他的爸爸却一改往日快送的习惯,而是让小磊自己上楼取。上下5楼,对上学时间已是很紧的小磊,无疑是一个考验,但他终究没有拗过爸爸,只好自己跑上跑下,一溜儿小跑,累得气喘吁吁,还差点迟到,才弥补了自己犯下的"过失"。但是从此以后,小磊开始把"认真、细心"牢牢地放在心上,做事再也不那么粗心大意了。

要孩子改掉粗心、丢三落四的毛病,家长就要学会做个"懒爸爸""懒妈妈"。现在的孩子成了家中的"小太阳",说什么是什么，即使不说家长也会帮着做好。衣来伸手，饭来张口已经成为事实，长期下去，孩子的依赖性就会很强，也就很难真正地进行自我管理。所以，家长在生活中要学会理智地"偷懒"，孩子忘了东西，家长就让他自己去拿，以此来培养儿童的独立性，放弃依赖性。如收拾书包，家长要尽可能地把这些小事交给孩子来做，让他们从小事中培养独立的习惯和责任意识。

如果孩子是因为思考不完善而导致丢三落四的话，家长可以适当地提醒孩子，但不要直接把结果告诉孩子，也不要主动帮孩子把事情补充完善。

让孩子记住一个道理：在做一件事情之前的准备过程中，一定要考虑清楚这件事情的每个环节和每个细节，不仅要全面、周全，还要考虑到一些潜在的突发情况，真正做到有备而来，才能把事情做好，不至于因为突发状况而累己累人。

3

男孩的好习惯是训练出来的

要孩子形成一个好的习惯,家长就要先有一个好心态,不要期望着今天告诉孩子应该怎么做,明天孩子就能如你所愿表现出你所期望的行为。家长要明白"欲速则不达"的道理,要有充分的耐心,加上科学的方法,才能帮孩子养成良好的习惯。

行为心理学研究表明:21 天以上的重复会形成习惯;90 天的重复会形成稳定的习惯。即同一个动作,重复 21 天就会变成习惯性的动作;同样道理,任何一个想法,重复 21 天,或者重复验证 21 次,就会变成习惯性想法。所以,一个观念如果被别人或者自己验证了 21 次以上,它一定已经变成了你的信念。这正是人们常说的"21 天习惯养成法"。

"21 天习惯养成法"把习惯的形成大致分三个阶段:

第一阶段:1~7 天。此阶段的特征是"刻意,不自然"。你需要十分刻意提醒自己改变,而你也会觉得有些不自然,不舒服。

第二阶段:7~21 天。不要放弃第一阶段的努力,继续重复,跨入第二阶段。此阶段的特征是"刻意,自然"。你已经觉得比较自然，比较舒服了，但是一不留意，你还会恢复到从前。因此，你还需要刻意提醒自己改变。

第三阶段：21～90天。此阶段的特征是"不经意，自然"，其实这就是习惯。这一阶段被称为"习惯性的稳定期"。一旦跨入此阶段，一个人已经完成了自我改造，这项习惯就已经成为他生命中的一个有机组成部分，它会自然而然地不停地为人们"效劳"。

中国青少年研究中心副主任、著名青少年研究专家孙云晓研究发现，培养良好习惯一般需要六个步骤：认识习惯的重要、制定行为规范、榜样教育、持之以恒的训练、及时评估引导、养成良好的集体风气，其中，最重要的一步就是：持之以恒的训练。可见，好习惯都是训练出来的。

家长不妨采取"21天习惯养成法"，对孩子加以训练，循序渐进，培养孩子的好习惯。举例来说，如果孩子在学校比较胆小、不爱积极回答老师的问题，家长可以给孩子进行阶段性的训练，帮助孩子进行完善：

第一阶段训练：由爸爸充当老师，孩子和妈妈当"学生"，回答"老师"提出的问题，孩子每次主动举手发言一次，可以奖励1分，当累积到20分的时候，可以得到爸爸妈妈给的一份奖励。

第二阶段：请几个孩子的同学来家里，由妈妈来当"老师"，几个孩子一起上课，回答"老师"提出的问题。

第三阶段：把"老师"换成家里的其他亲戚或者朋友，给孩子和爸爸妈妈一起上课，回答"老师"的问题。

当孩子当着同学和其他人的面也敢于主动举手回答问题时，他也就在不知不觉中改掉了上课不敢回答问题的习惯了。

训练的方法还有很多，要因人而异，因材施教，要根据孩子的不同的年龄，不同的性格气质采取不同的训练方法，这样才能达到事半功倍的理想效果。

建议一：在快乐的心情中养成好习惯

人总是有趋善、趋乐的趋势，总是向着一种喜欢的、有兴趣的、感觉好的方向走，趋利避害，孩子更是如此。夏洛特·梅森说：我们对孩子的态度，决定着我们和孩子的关系。让孩子高兴就是养育孩子的原则。如果孩子快乐，他在很大程度上就会成为好孩子。

家长无论做什么，都要让孩子始终保持快乐的心情，否则就会让孩子失去快乐的感觉，以及在他们身体中保持的一些力量和新鲜感。青少年是人生最快乐最美好的时期，但同时也是最脆弱最天真的时期，家长要尤其注意保护好孩子的快乐，让孩子在快乐中学习、成长。

哈佛大学的心理学教授、教育家塞德兹教授就十分注重对孩子的快乐教育。在有一次旅行中，小塞德兹就毫不费力地掌握了一个物理学原理。

坐在火车车厢里的小塞德兹指着窗外说道:"那些树木在飞快地向后面跑,爸爸。"

"不,那不是树木在向后跑,而是我们坐的火车在向前跑。"塞德兹笑着对儿子说。

"不,我认为我们坐的火车并没有动,而是窗外的树木在动。"儿子天真地说,"因为我在这儿坐了很久了,并没有发现火车有什么变化,反而发现外面的东西都变了。这不是说明窗外的东西在动还能说明什么?"

"那么,假如现在你不在火车上而是在窗外的话,你会怎么想呢?"

"这个嘛……"小塞德兹想了想说,"一定是我也会向后跑,就像那些树木一样。"

"你能够跑那么快吗?"

"是呀,我能跑那么快吗?这可有些奇怪了。"小塞德兹充满疑问地说。

"虽然你不能回答这个问题,但我仍然向你表示祝贺。"

"什么?祝贺我什么?"

"你今天发现了一个物理现象,当然应该祝贺啦。"

"我发现了一个物理现象?"儿子不解。

"你刚才发现的,正是一个参照物的问题。"于是,塞德兹耐心给他讲解,"你之所以说窗外的树木在向后跑,是因为你把火车当成了参照物,也就是说相对于火车来说,树木的确是向后移动了。反过来,如果把树木当成参照物,火车就是向前跑了。"

"噢,我明白了。怪不得我会认为火车没有动呢!这是因为我把自己当成了参照物。火车带着我向前行驶,我们一起在运动,当然就不会感到它也在动!"小塞德兹说道。

"那么,把你放在窗外会有什么效果呢?"塞德兹问道。

"嗯,假如我站在窗外的地面上并以我自己作为参照物的话,火车就是运动的了。"小塞德兹回答道,"假如仍然以火车作为参照物的话,我就是和树木一样在向后飞跑了。"

"那么,你能跑那么快吗?"塞德兹又一次问道。

"当然能,因为这是相对的,火车能跑多快我就会有多快。"

这样类似的讨论在塞德兹父子之间发生过许多许多次,也正是这种看似闲谈般的讨论使小塞德兹在轻松和有趣之中学到了那些在书本上显得极为晦涩的知识。

同样,家长在训练培养孩子行为习惯的时候也应如此,切忌让训练成为孩子的一件"苦差事",要时刻谨记让孩子在快乐的心情中得到体验,获得成长。

家长要想出一些巧办法,让孩子在快乐的心情下接受训练。比如要培养孩子热爱家务劳动的好习惯,就可以让孩子帮忙洗碗,开始的时候如果家长不引导,孩子就有可能只能感受到洗碗会造成满手的油腻,很不舒服,因而对洗碗会产生抵触的情绪。但如果在孩子洗碗的过程中,父母在一旁及时给予适度的表扬,诸如"一点不怕脏,真棒""东西收拾的真干净",那么孩子就会从大人那里得到极大的快乐和满足,而这些快乐和满足就完全取代了因为洗碗把手弄油所造成的厌恶和痛苦,孩子今后就还会持续地主动做出同样的行为,形成热爱家务劳动的好习惯。

● **建议二:男孩需要妈妈更多的耐心和信任**

伟大的教育家井深大说:"在教育这件事上,不要着急,既然播下了种子,就应该耐心等待。"可见作为养育孩子的父母就应该付出更多的耐心。由于男孩的生理和心理特质跟女孩不同,他们在各方面的发育相对于女孩来说比较的迟缓,所以父母就需要在他们身上花费更大的耐心和信任。达尔文就是这样在母亲的耐心养育下成功的。

达尔文的母亲苏珊娜是一个有见识、有教养的妇女,她承担了教育子女的神圣职责。她不但教达尔文唱歌、跳舞,让他在一种自然的环境中找到自己的乐趣,呵护他的好奇心,耐心解答他提出的每一个问题。从来不对他们提出的"傻"问题横加指责。

有一年夏天,苏珊娜带着达尔文兄妹俩在花园里玩耍。孩子们采了一些花儿,又去捕捉蝴蝶。苏珊娜拿起花铲给刚栽的几棵树苗培土。她铲起一撮乌黑的泥土,轻轻闻了闻,然后把它培在小栗树的树根旁。

达尔文好奇地问道:"妈妈,您为什么要给树苗培土?"

妈妈回答道:"我要树苗和你一样壮实地成长,树苗离不开泥土,就像你离不开食物。"

"为什么树苗离不开泥土啊?"

"因为泥土是万物成长的基础,有了它我们才能看到郁郁葱葱的树苗,才能有粮食,才能有蔬菜。这些都是在泥土中长出来的啊!"

"那么泥土里为什么长不出小猫和小狗呢?"达尔文开始刨根问底了。

苏珊娜笑着对达尔文说:"小猫和小狗是猫妈妈、狗妈妈生的,是不能从泥土里长出来的。就像你一样不是泥土里长出来的,而是从妈妈肚子出来的一样。所有的人都是他们妈妈生的。"

"那么,最早的妈妈是谁,她又是谁生的?"

"听说最早的妈妈是夏娃。她是上帝造的。"

"那上帝是谁造的呢?"

"亲爱的,世界上有很多事,对于我,对于你爸爸,对于所有人来说,都还是个谜。等你长大了,用你的知识就会找到答案了。"

就这样,妈妈的耐心保护了达尔文的好奇心,为他日后的成功打下了坚实的基础。俗话说:"十年树木,百年树人。"教育孩子也不是一朝一夕的事情,做父母的一定要有足够的耐心,才能将其培养成才。这就告诉家长，要反思自己在教育中急于求成的行为，不要急于谋求教育的成果。

例如当我们给婴儿读画册并让他去听的时候，我们不能指望婴儿能给我们谈什么感想。

有一个感觉非常幸福的母亲，经常有朋友这样问她："你有什么好的教育方法，能把儿子培养得这么优秀？"

这位母亲说，她只有一句话秘诀："平时，我只要告诉孩子，妈妈相信你，你能行，你是最棒的！"这位母亲还说，她从来没有刻意地去塑造儿子，儿子自己能做的事情尽量让他自己做。比如自己穿衣，自己吃饭。虽然经常出错，但她经常微笑着鼓励他，没关系的，你能行的！

让男孩相信他们自己能行，是成长路上不可缺少的一种心理品质。生活中，家长一句"孩子你能行"，其实是对树立孩子自信心的一条有效途径。

有时候很多家长抱怨，现在男孩一旦做什么事，动嘴行，动起手来一塌糊涂。仔细一分析，这里面的原因和家里包办过多有关，导致他们几乎没有动手实践的机会。一些家长之所以从小不让孩子做事，是担心他们做不好，会添乱子，久而久之，就养成了懒得动手的毛病。如果家长能从小就锻炼他们的能力，经常鼓励孩子"你能行"，让孩子有充分施展的空间，让他们在体验成功中树立自信，这将是他们一生享用不尽的财富！

第五章

抗挫力训练，让男孩成为人生大赢家

1
男孩的成长不可能"零风险"

家长总希望自己的孩子一生能安稳度过，不愿意孩子受一点儿委屈。事实上，有挑战才能有成长，有磨砺才能变坚强，没有"零风险"的成长。

孩子在学习过程中遇到失败是难免的，而面对孩子的失败，往往最难受的就是父母，他们对孩子的失败比对自己的失败更加痛苦，有些家长往往采取掩盖和安慰的方法去让男孩逃避失败。殊不知，他们这种害怕孩子失败的心态，可能会导致孩子一蹶不振，毁了孩子的未来。

每个男孩都渴望成功，但由于年龄小、能力有限、经历和经验缺乏以及各种因素的影响，难免会遭受失败和挫折。一次小小的失败，对成人来说是微不足道的，对孩子来说却是一个不小的打击。

在我们的生活中，有许多这样的孩子，他们本来拥有聪明的头脑，以前也曾是全班甚至全校的尖子生，但往往因为一次考试不理想或是老师某一句话对他的打击，就变得消沉起来，学习成绩下降、上课精力不集中，甚至是逃学。在这种心态的影响下，这样的孩子就可能变得精神萎靡，消沉慵懒，做事没劲头，完全一副颓废的模样。这种心态如果得不到调整，他的一生就只能是碌碌无为，不敢面对一点困难。

是什么原因导致我们的孩子如此脆弱呢？教育专家指出：是家长"规避风险"的教育方针。在这样的环境里，包围他们的是一片表扬、赞叹之声。在这些声音中长大的男孩变得过分要强，他们就像温室里的花朵一样，经不起一点风雨。稍遇挫折，便把它看成是拿破仑的滑铁卢，从此一蹶不振，彻底丧失了勇气和信心。

现在父母们面临的最大挑战，就是如何让孩子直面成长过程中的风险因素，孩子即使失败了仍然要去鼓励和支持他。每个家长都希望孩子能获得更多的成功，从中体验竞争和胜利带来的快乐。但是，任何成功都来之不易，需要不断进取和努力，更需要面对挫折和困难。

人们希望事事成功，然而，在现实生活中，常胜将军是没有的，在人生的道路上，失败是难免的。这是因为客观事物是纷繁复杂而又不断地发展变化的，关键问题就是尽量少些失败，多些成功，以及如何勇敢地面对失败。男孩如果没有经受过失败的痛苦，就往往不能以正确的态度对待失败。因此，父母应尽早训练男孩在成长中直面风险的勇气。

父母要告诉男孩失败在人生的道路上很难避免，让男孩在思想上要有准备，如果准备好，失败就会小，即使遇到失败也容易承受，将失败的损失降到最低程度。鼓励男孩勇于承担风险，如果男孩总是躲避风险，他就会缺乏自信心，因为躲避风险会使他无法获得真正成功的感觉。那么，就鼓励他去做以前从未做过的事，在成功中寻找自信。对男孩的尝试要多加赞扬。

建议一：冒险是一种深层的立体思维

家长们往往不赞同男孩冒险，认为冒险会给男孩带来意外的伤害。对于家长而言，没有什么是比看到心爱的孩子受伤害更难过的事情了。对于冒险的问题，家长没必要看得如此悲观。冒险，是一种深层的立体思维，它能给孩子带来的不仅仅是伤害。

有一天，龙虾与寄居蟹在深海中相遇，寄居蟹看见龙虾正把自己的硬壳脱掉，只露出娇嫩的身躯。寄居蟹非常紧张地说："龙虾，你怎可以把唯一保护自己身躯的硬壳也放弃呢？难道你不怕有大鱼一口把你吃掉吗？以你现在的情况来看，连急流也会把你冲到岩石上去，到时你不死才怪呢？"龙虾气定神闲地回答："谢谢你的关心，但是你不了解，我们龙虾每次成长，都必须先脱掉旧壳，才能生长出更坚固的外壳，现在面对的危险，只是为了将来发展得更好而做出准备。"寄居蟹细心思量一下，自己整天只找可以避居的地方，而没有想过去冒险，整天只活在别人的保护之下，难怪永远都限制自己的发展。

冒险可以给男孩带来一些全新的体验，一些男孩所未知的领域的体验，可以说，冒险的体验正是男孩生活中进步和快乐的本源，因此对于未知的事物完全不必心怀恐惧，也不必费心做那种无谓的尝试，试图把生活中的方方面面都规划好。如果家长想让男孩的生活丰富多彩，那么就应鼓励孩子勇于冒险，让他的生活多一些意外，多一些弹性。

事实上，无论是男孩的学习，还是他的生活，如果总是重复同一个内容，他又怎么能有新的收获呢？父母应该清楚，生活并不是可以预先设计的，所以对于不可预知的未来，我们没有必要担心惧怕，我们应该具有敢为人先的冒险精神，打破规矩，突破闭锁，去体验冒险带来的快乐。

生活中的每一个角落都存在着风险的可能，除非我们永远扎根在原地不动，但那也不可能保证一生的风平浪静。

自有文字记载以来，冒险总是和人类紧紧相连。虽然火山喷发时所产生的大量火山灰掩埋了整个村镇，虽然肆虐的洪水冲走了房屋和财产，但人们仍然愿意回去继续生活，重建家园。飓风、地震、台风、龙卷风、泥石流以及其他所有的自然灾害都无法阻止人类一次又一次勇敢地面对可能重现的危险。

有一句老话叫作"一个人不懂得悲伤，就不可能懂得欢乐"。同样，我们也可以说"没有冒险的生活是毫无意义的生活"。事实上，我们总是处在这样那样的冒险境地，因为我们别无选择。

我们在这个世界上生存，未来的世界是我们的，我们必须去开拓和探索,这是生存的使命!能在惊涛骇浪中生存下来的,他的人生一定不同凡响!

谁能用 80 美元环游世界?这在 99% 的人听来都觉得是不可能的,但是罗伯特做到了。

罗伯特·克利斯朵夫是一位熟练的摄像师,在他年轻的时候,他像许多年轻人一样,喜欢读科幻小说。当他读完儒勒·凡尔纳动人的科幻小说《八十天环游地球》后,他的想象力和内心潜在的勇气被激发了。

罗伯特告诉朋友:"别人用 80 天环绕地球一周,现在我为什么不能用 80 美元环绕地球一周呢?我相信如果我有足够的勇气,任何地方我都可以到达。也就是说,如果我从我所处的地方出发,我就能到达我所想要到达的地方。"

"我想,别的一些人能够在货轮上工作而得以横渡大西洋,再搭便车旅行全世界,我为什么就不能呢?"

朋友笑着说:"你的想法太天真了!"

罗伯特没有理睬他们的嘲笑,而是从他的衣袋里拿出自来水笔,在一张便条上列了一个他所能想到的在旅途中将会遇到的困难表,并仔细地记下准备怎么去着手解决每个困难的办法。

罗伯特没有拖延一分钟,他开始行动了。

他先和经营药物的查尔斯·菲兹公司签订了一份合同,保证为这家药物公司提供他所要旅行的国家的土壤样品。他又想办法获得了一张国际驾照和一套地图，条件是他提供关于中东道路情况的报告。他四处奔波，让朋友设法替他弄到了一份海员文件，并且获得了纽约有关部门开出的关于他无犯罪记录的证明。为了旅行，他想得很周全，甚至为自己准备了一个青年旅游招待所的会籍。

最后他又与一个货运航空公司达成协议，该公司同意他搭飞机越过大西洋，只要他答应拍摄照片供公司宣传之用。

只有26岁的罗伯特完成了上述计划，他在衣袋里装了80美元，便乘飞机和纽约市挥手告别，开始了他80美元周游世界的梦想。

在加拿大的纽芬兰岛甘德城，罗伯特吃了第一顿早餐。他不能用他可怜的80美元来付早餐费，那么他是怎样做的呢？他给厨房的炊事员照了相，大家都很高兴。

在爱尔兰的珊龙市，罗伯特花4.8美元买了四条美国纸烟。罗伯特深知，在许多国家里纸烟和纸币作为交易的媒介物是同样便利的。

从巴黎到了维也纳，精明的罗伯特送给司机一条纸烟作为他的酬劳。从维也纳乘火车，越过阿尔卑斯山，到达瑞士，罗伯特又把四包纸烟送给列车员，作为他的酬谢。

在叙利亚首都大马士革，罗伯特热心地给当地的一位警察照了相，这位警察为此感到十分自豪，命令一辆公共汽车免费为他服务。伊拉克特快运输公司的经理和职员特别喜欢罗伯特为他们照的相。作为感谢,他们邀请罗伯特乘他们的船从伊拉克首都巴格达到伊朗首都德黑兰。

在曼谷,罗伯特向一家极豪华的旅行社经理提供了一些他们急需的信息——一个特殊地区的详细情况和一套地图。他为此受到了像国王一样的招待。

最后,作为"飞行浪花"号轮船的一名水手,他从日本到了旧金山。

罗伯特·克利斯朵夫用84天周游了世界,并且他所有的旅费加起来只有80美元。

简直不可思议,80美元合成人民币估计还不够一个男孩一个月的生活费,怎么可能把世界环游一遍?就算不吃、不喝,那也撑不下来,但是,罗伯特进行得是如此顺利。难道罗伯特没有想到这一程会有很多可能的风险吗?他想到了,正因为他想到了所以他才会去冒险,用冒险来给自己的人生加色加味。

显然,在这次冒险中,罗伯特充分调动了自己的聪明才智,全面调配了身边的各种可用资源,才获得了旅行的成功。这是一种胆识,这是一种智慧,这更是一种我们的孩子所缺少的综合能动性。

男孩整日躲在挡风挡雨的温室里,恐怕还不知道冒险的滋味吧。冒险可以培养青少年的勇气、适应能力、解决问题的能力,而且还可以收获许多在温室里学不到的东西,冒险是男孩应该选择的活动。

● **建议二：只要去做，没有不可能——这句话要经常对男孩提醒**

现实是此岸，理想是彼岸，中间隔着湍急的河流，行动则是架在河上的桥梁。只有行动才出现结果，行动创造了成功。任何一个伟大的计划和目标，都要靠行动来实现。

成功的人士肯定懂得这样的格言："我们要明白一点：拖延、迟缓无异于死亡。""整个事件成功的秘诀在于，"阿莫斯·劳伦斯说过，"我们形成了立即行动的好习惯，因此才会站在时代潮流的前列；而另一些人的习惯是一直拖沓，直到时代超越了他们，结果他们就被甩到后面去了。"

对于一个踌躇满志、梦想成就一番事业的男孩而言，只要做了，几乎一切皆有可能。但是事实是，很多男孩都有拖延这种也许是最具破坏性，同时也是最危险的恶习。拖延会使男孩丧失进取心，一旦开始遇事拖拉，他就很容易再次拖延，直到它们变成一种根深蒂固的恶习。可悲的是，拖延的恶习也有累积性，唯一的解决良方，很明显的，正是行动。当男孩真的放手去做时会惊讶地发现，他正迅速改变自己和自身的状况。正如英国首相及小说家本杰明·狄斯雷利所说：行动未必总能带来幸福，但没有行动却一定没有幸福。

家长需要指导男孩明白这样的道理：成功者从来不拖延，也不会等到"有朝一日"再去行动,而是今天就动手去干。他们忙忙碌碌尽其所能干了一天之后,第二天又接着去干,不断地努力、失败,直至成功。

卡耐基著作里收藏了一篇哈巴德写的短文,短文是这样写的:

在一切有关古巴的事情中,有一个人最让我忘不了。当美西战争爆发后,美国总统麦金利必须立即跟古巴起义军首领加西亚取得联系。但加西亚在古巴丛林的山里,没有人知道确切的地点,所以无法写信或打电话给他。

"怎么办呢?"总统问。

"有一个名叫罗文的人,有办法找到加西亚,也只有他才找得到加西亚。"有人对总统说。

他们把罗文找来,交给他一封写给加西亚的信。罗文拿了信,把它装进一个油质袋子里,封好,吊在胸口,划着一艘小船,四天以后的一个夜里,在古巴上岸,消失在丛林中,接着在三个星期之后,从古巴岛的那一边出来,徒步走过一个危险重重的国家,把那封信交给了加西亚。

这里要强调的重点是:麦金利总统把一封写给加西亚的信交给罗文,而罗文接过信之后,并没有提出任何疑问:他在什么地方?他是谁?还活着吗?怎样去?为什么要找他?给我什么报酬?

——没有问题,没有条件,更没有抱怨,只有行动,积极、坚决地行动!

失败者总会愤愤不平地说"人家如何如何凭运气,赶上了好光景、好地方"。他们不采取行动,总是等待着"有一天"他们会走运。他们把成功看作降临在"幸运儿"头上的偶然事情。失败者认为成功者的命运是一帆风顺的,而自己的命运则全是倒霉。所以,既然幸运女神不肯照顾,他们除了怨天尤人外,还能做什么呢?

家长应告诫男孩,千万不能有这种思想。告诉他,当他有了梦想,有了创意时,就立即勇敢地去行动,趁早积累成功的资本。

2

引导男孩向"胆小鬼"身份宣战

"富贵不能淫,贫贱不能移,威武不能屈"是中国儒家对阳刚之气最精辟的诠释。男孩的英雄本色,实际上就是一种敢作敢为的精神,是潜意识中形成的一种力量,厚积薄发,不发则已,一发就气贯长虹。这种力量是无形的,一旦发出就会让人惊讶、敬畏、佩服。男子汉,就应该这样,这也是我们教育男孩的意义所在。

实际上让男孩子勇敢去做事的时候,最重要的就是让他们战胜内心的恐惧,这样就能顺利地把事情做好。

要培养勇敢男孩,就要让他们征服内心的恐惧,而行动可以让他们忘却恐惧,缓解他们的精神压力。忘掉自我,专心投入到他们当前要做的事情上去,可以让他们克服紧张情绪,保持一种泰然自若的心态。

常说"我不行"的男孩绝不会成为有出息的人。家长应积极给男孩灌输进取、勇敢的精神:

第一,有针对性地给男孩讲一些不怕困难、不怕牺牲的勇敢者的故事。

如果男孩怕用电，你不妨给他讲美国科学家富兰克林与雷电的故事；如果男孩害怕走路，你不妨给他讲讲英国探险家斯科特征服南极的故事；如果男孩害怕黑夜，你不妨讲讲鲁迅先生黑夜上坡的故事；如果男孩害怕失败，你可以讲讲美国大发明家爱迪生怎么经历了几千次失败发明了电灯，讲讲德国细菌学家埃尔利希怎么经过几百次的失败而发明了一种新药。

第二，鼓励男孩进行培养勇敢精神的体育活动。

假日里，可以与男孩一起爬山，借以锻炼克服困难的勇气；去公园里玩，鼓励男孩走一走"勇敢者之路"，如独木桥、铁索桥。鼓励男孩参加体育锻炼，参加足球、乒乓球队。这种体育活动竞争性强，有助于勇敢精神的培养。

第三，有意识地锻炼男孩所惧怕的事务。

在确保安全的情况下，有意识地锻炼男孩所惧怕的事物，如登高、下水游泳、滑冰等。如果怯生，就多参加社交活动，多接触生人。如果男孩害怕，父母可以和他一起玩，比如男孩害怕黑夜，月黑风高之夜，父亲可以带着男孩去散散步，让男孩欣赏夜的宁静；如果男孩害怕黑屋，爸爸可以与男孩一起在黑屋子里玩，玩几次，男孩就再也不怕黑暗了。

第四，让男孩享受到勇敢的快乐。

先鼓励男孩完成一件以前不敢干的小事情，比如去楼底下取报纸，等男孩回来以后给他适当的表扬，让男孩体会到战胜自己的快乐。循序渐进，一点点锻炼他的勇敢。

第五，父母要给男孩树立起良好的榜样。

男孩的思想行为还没有完全成熟时，最易模仿身边人的行为举止，所以父母平常也应该注意不要老是在男孩面前把"我害怕""我不敢"挂在嘴边，要努力用勇敢的精神去熏陶男孩，男孩也会沉着勇敢起来。

● 建议一：不要让男孩习惯于为自己的胆小找借口

美国西点军校有一个久远的传统，遇到学长或军官问话，新生只能有四种回答：

"报告长官，是！"

"报告长官，不是！"

"报告长官，没有任何借口！"

"报告长官，不知道。"

除此之外，不能多说一个字。比如学长问："你认为你的皮鞋这样就算擦亮了吗？"你的第一个反应肯定是为自己辩解："报告长官，刚才排队时有人不小心踩到了我。"但是不行，这不在那四个"标准答案"里，所以你只能回答："报告长官，不是。"学长要问为什么，你最后只能答："报告长官，没有任何借口。"再比如军官派一个新生去完成一项任务，而且限定在一定时间内完成。这项任务完全可能会因种种原因而不能按时完成，但军官只要结果，根本不会听你长篇大论地解释为何完不成任务。"没有任何借口"迫使新生只有把握每一分每一秒去争取完成任务，根本无暇为完不成任务找借口。

也许我们认为西点军校的校规有些过于苛刻，但是它能够存在必然有存在的道理。学校之所以这样规定，就是要让新生学会忍受压力，学会恪尽职责，明白表现不达标是"没有任何借口"的。

因此，我们必须告诉自己的儿子，在面对困难的时候不要找任何借口。

借口是做不成事、做错事的挡箭牌；是敷衍别人，原谅自己的护身符；是掩饰弱点、逃避责任的灵丹。借口掩盖了过失，推卸了责任，使男孩心理暂时平衡，但长此以往，便是大事做不了，小事做不好，最终一事无成。

徐立就是一个不善找借口的孩子。他是初三（3）班的班长，他是一个积极乐观的男孩，总是散发出无限的热情，做事情从来不找借口，老师和同学们都很喜欢他。从初一开始徐立就担任班长的职务，班里的大事小事都由他来管，这自然耽误了他不少的学习时间，但他从来没想过以耽误时间为借口辞掉班长的职务，为了在学习上不落后于其他的同学，他比别人更加刻苦。特别是在备战中考的日子里，徐立更加努力了，每天都学习到深夜。徐立的妈妈看着儿子晚上熬夜学习，心疼地对儿子说："不行就把班长的职务辞了吧，每天这么累，别因为班里的事影响你上重点中学。"徐立微笑着回答道："妈妈，我知道你这都是为我好。可是辞了班长的职务也不能保证我一定能上重点中学，如果不辞，没准就能上重点呢！虽说班里的事情耽误了一些时间，但是这才更能激励我学习呀！这点小困难不会难倒我的，放心吧！我会处理好学习与班级工作的关系的。"

他这种不找借口，积极应对学习和班级事务的态度，让他顺利以全校第五名的成绩考进了市重点一中，还荣获了"优秀班干部"的称号。

做家长的要引导男孩正确地认识自己，正确对待成功与失败。不为困难和挫折找借口，要为成功找方法。男孩需要做的是分析原因，找出不足，进行弥补。客观、合理地制定自己的目标，并为学业上的成功和失败找出原因。弄清楚自己的学习状况，掌握高效的学习策略和方法，从而提高学习的效能感和自信心。这样男孩不为任何事情找借口的习惯一旦养成，他们将会受益终生。

● 建议二：告诉男孩求助不是懦弱的表现

陈再辉的家庭条件很好，平时他的穿着、使用的文具都比其他的同学要高档。平时爸爸要是有空就去接他放学，爸爸开的高级轿车让其他同学艳羡不已。

正因为如此，几个其他班的同学盯上了他。这几个男孩平时不喜欢学习，喜欢玩网络游戏，经常逃课去网吧。家里给的钱不够用，就勒索低年级的同学给零用钱。

这天放学后，爸爸没有来接陈再辉，陈再辉自己走路回家。

走到僻静处时,这几个男孩跳了出来,向陈再辉勒索钱财。

望着几个气势汹汹的男孩,陈再辉乖乖掏出了钱包。

"不会吧,就这么点儿?你骗谁呢,说!钱藏哪儿了?"看着陈再辉钱包里的二十元钱,几个男孩气坏了。

陈再辉结结巴巴地回答:"平时我不怎么用钱的,我需要什么我妈都给我买了。"

男孩们大眼瞪小眼。领头的男孩比较镇定:"回家拿钱去。明天这个点儿我们还在这里等你,你要是不来,哼哼!"男孩抬腿狠狠踹了陈再辉一脚:"我知道你哪个班的,我们不会放过你!"

男孩还补充道:"你要是敢告诉别人,我们就天天去厕所堵你!你想清楚!"

陈再辉答应着,赶紧跑掉了。陈再辉想,回家赶紧告诉爸爸,真要被他们吓住了,这还有个头儿?

陈再辉遇到的情况,相信很多男孩并不觉得陌生。在校园暴力频发的今天,男孩们往往会为这类事情忧虑。不过,却不是所有男孩都像陈再辉那样,懂得向家长求助。当受到其他同学胁迫时,男孩直接反抗,不一定有那个能力;告诉老师和家长,又会觉得丢脸——男孩们拥有你意想不到的自尊。一些男孩认为让他人知道自己被胁迫,意味着他很懦弱,是男子汉的耻辱。

家长要做的就是,帮助男孩转变这种观念,告诉男孩出了问题报告老师、家长并不是什么怯懦的行为,而是勇敢的一种得体行为。

向老师、家长求助的行为，本身是一种在人群中寻求合作的行为，大家先来看一个故事：

星期六上午，一个小男孩在他的玩具沙箱里玩耍。沙箱里有他的一些玩具小汽车、敞篷货车、塑料水桶和一把亮闪闪的塑料铲子。在松软的沙堆上修筑公路和隧道时，他在沙箱的中部发现一块巨大的岩石。

小家伙开始挖掘岩石周围的沙子，企图把它从泥沙中弄出去。他手脚并用，似乎没有费太大的力气，岩石便被他连推带滚地弄到了沙箱的边缘。不过，这时他才发现，他无法把岩石向上滚动，翻过沙箱边框。

小男孩下定决心，手推、肩挤、左摇右晃，一次又一次地向岩石发起冲击，可是，每当他刚刚觉得取得了一些进展的时候，岩石便滑脱了，重新掉进沙箱。

小男孩只得使出吃奶的力气猛推猛挤。但是，他得到的唯一回报便是岩石再次滚落回来，砸伤了他的手指。

最后，他伤心地哭了起来。这整个过程，男孩的父亲在起居室的窗户里看得一清二楚。当泪珠滚过孩子的脸庞时，父亲来到了跟前。

父亲的话温和而坚定："儿子，你为什么不用上所有的力量呢？"

垂头丧气的小男孩抽泣道："但是我已经用尽全力了，爸爸，我已经尽力了！我用尽了我所有的力量！"

"不对，儿子，"父亲亲切地纠正道，"你并没有用尽你所有的力量。你没有请求我的帮助。"

父亲弯下腰，抱起岩石，将岩石搬出了沙箱。

我们所生存的这个社会，时时刻刻存在着竞争。没有人能单枪匹马地生存下去，与他人合作才能博取更多发展的机会。故事中，那块岩石对于儿子来说那样硕大无比，儿子使出全部的力量也无法移除，但是父亲伸手稍稍使力，就解决了儿子无法解决的问题。

家长要让男孩明白的是，人的年龄不同、生长的环境不同，所处的生命高度也不同，在孩子看来不得了的大事，对于大人来讲，也许只是一件不值得一提的小事。男孩认为自己向大人求助，是懦弱、丢了男子汉的面子，其实不是那样。懂得在自己需要帮助的时候借助他人的力量，是非常理智的行为。

蛮干不是勇敢，寻求帮助也绝不意味着软弱。懂得适时地寻求帮助的男孩，才是聪明的男孩——他知道如何让自己摆脱困境，这才是生命的大智慧。

3
挫折将男孩变得更强大

一些父母老是抱怨自己的孩子太懦弱、太胆小、害怕挫折、害怕失败，经不起一点儿风雨。他们经常担心地说：

"看别人家的孩子什么事情都不怕，我家的孩子却什么都不敢做。"

"人家的孩子都可以自己解决问题了，而我家的老是出错。"

"是啊，孩子太胆小，真是让人担心。"

你是否也在为孩子的这些问题烦恼，不知道如何把孩子培养成一个勇敢的有进取精神的人呢？

那么，什么是勇气呢？

勇气是产生于人的意识深处的对自我力量的确信，是相信自己可以面对一切紧急状况，消除一切障碍，并能控制任何局面的意识。勇气是世界上最好的精神药物。如果孩子以一种充满勇气、充满自信的精神进行学习的话，那么孩子以后可能遇到的任何失败都只是暂时性的，一个勇敢而坚定的人必定会取得最后的胜利。我们来看看麦克阿瑟将军英勇的品质是如何培养出来的。

这得从麦克阿瑟的父亲说起。麦克阿瑟的父亲就是位性格勇敢坚强的人，所以他希望孩子将来也能够像自己一样。

有一天，父亲带着小麦克阿瑟出去打猎。麦克阿瑟非常高兴，拿着父亲送他的木剑就出门了。可是在路上，突然从树林里窜出了一头豹子，小麦克阿瑟顿时吓得面如土色，紧紧抱住父亲，木剑也从手里掉了出来。

父亲鸣枪吓跑了豹子，很生气地对儿子说："记住，你是军人的孩子，要勇敢坚强，做一个真正的男子汉！"说完捡起了地上的木剑还给了儿子。

这件事情对麦克阿瑟影响很大，他牢牢记住了父亲在森林里对他说过的话。从此以后，他一有机会就锻炼自己的胆量。没过多久，父母带麦克阿瑟去砍树。他不小心被刀子划破了腿，麦克阿瑟忍住疼痛没有告诉任何人，过了几天伤口感染，父母发现后给他清理了伤口，麦克阿瑟竟然没叫一声疼。他的父亲十分高兴，觉得自己的孩子很勇敢，以后说不定会成为有用之才，结果成年后的麦克阿瑟果然成为一位英勇威武的大将军。

有时候，爸爸可以和男孩一起看看电视剧，学学其中的人生智慧。比如《亮剑》就是值得爸爸和男孩一起学习的一部电视剧。

李云龙、丁伟都是属于那种天不怕地不怕的人，打仗时咬住敌人就不松嘴，吞不下去也要撕下块肉来，一旦和敌人接上火，就谁也别想调动他了,哪怕是野司林总的命令也没用,不占点便宜他绝不走。辽沈战役的最后一仗,丁伟率一个师在辽西平原上咬住廖耀湘兵团,他不等后继部队到,便以一个师的兵力率先向廖耀湘兵团发起攻击,如入无人之境,硬是把对方一个兵团冲得七零八落。

李云龙的将士更是不达目的誓不罢休,在追击黄百韬第七兵团时,撒开双腿就追,在奔袭中以昼夜行军180里的速度冲到最前面,还没等首长下命令就乒乒乓乓干了起来。敌人跑到哪里,就坚决追到哪里、打到哪里。

丁伟和李云龙这种咬住敌人不放,不达目的誓不罢休的狼族精神使他们成为野战军中的王牌。狼,是最不懂得妥协的猎杀者,是一种桀骜不驯的动物。再强大的对手也有它的弱点,只要坚持不懈,必有收获。一旦下定决心,狼群的追杀便是被猎者的催命符,很少有猎物能从狼嘴下脱身,狼不懂什么时候该停下来。这种不达目的绝不妥协的本性,让每一个对手震撼。

如果拿出这种咬定青山不放松的精神来对待人生,那么,孩子也就鲜有达不到的目的。

由于外在的客观条件,有时即使一个很努力也很有能力的人,也会被成功拒之门外。此时,能否具有不达目的誓不罢休的狼族精神,能否坚持不懈地叩击成功的大门,比其他任何东西都重要。只有抱着不达目的的誓不罢休的信念去努力争取、努力奋斗,才能像李云龙那样打赢人生的每一场战役。

智慧的爸爸懂得"授之以鱼不如授之以渔"的道理,让孩子主动亮出自己,这与让他拥有君子的品行一样重要。孩子都喜欢明星崇拜,如果他能把《亮剑》中的李云龙当成自己的偶像,如果爸爸能多多和孩子一起说说这个人物的故事,把李云龙的故事印在生活中,这样的崇拜会帮助他克服困难,成为一个坚强的人。

建议一:逆境是男孩成长的试金石

有些男孩,稍微受点小委屈,他便觉得天都要塌下来了。归根结底是因为他小时候没有受过什么委屈,更没有吃过什么苦头。他长大后,受挫能力明显比同龄男孩薄弱。

教育专家赵忠心教授在他的调查报告中曾讲到这样一个真实的故事。

在某省城宽阔的大街上,一大早就停放着一辆威严的警车和一辆豪华轿车。警车上坐着警察,可轿车里坐的却不是犯人,而是佩戴红领巾的少先队员。轿车周围簇拥着黑压压一大群前来送行的人,男女老幼约有上百人。

只见车下的人一个劲地往车上递大包小包各式各样的食品,还喋喋不休地千叮咛万嘱咐:"别到处乱跑""不要喝生水,别吃不干净的东西""水杯、饭碗使自己的,不要用老乡的""睡觉盖好被子,别着凉""晚上上厕所带好手电筒"……

警车拉着警笛、闪着警灯开动了，直到消失在大街的尽头，送行的人们仍旧站在原地，眼含热泪，眼巴巴地望着车开去的方向，很久都不愿离去，此情此景颇为"悲壮"，犹如生离死别。

其实，这只不过是某单位组织的一次小学生社会实践活动：从省城挑选20名小学生到边远山区学习生活一周，同时从边远山区挑选20名小学生到省城学习生活一周，即进行短期的"易地留学"。城乡的学生分别住在对方学生的家里，到对方的小学学习。让城里生活条件优越的孩子亲身体验一下农村比较艰苦的生活，促使他们更加珍惜自己优越的生活和学习条件，增强社会责任感。

看到眼前这种情况，观众无不感叹地说："现在的孩子养得也太娇了，将来他们怎么能独立生存呢？"

这种担心绝非杞人忧天。其实，有许多男孩的父母，很不重视男孩生存能力的培养，将男孩护在怀中，便限制了他们发展能力的空间，使他们在未来的社会中束手无策。同时，父母过于紧张的保护意识，也容易使男孩对生活产生恐惧感，认为外面的世界充满不可抗拒的威胁，形成怯懦的性格。

要想让男孩成就辉煌的人生，就要放手让生活的磨难去砥砺男孩坚强的品质和心性。男孩在成长时期太顺利未必是好事，不能吃苦，受不了一丁点委屈的男孩长大后很容易丧失斗志。父母只有放开保护的羽翼，让男孩多受些"委屈"，他才能变得更坚强。

很多家长舍不得男孩吃苦受委屈,于是,很多男孩生活自理、自控自救、自我防范等方面的能力很差,导致真遇到大事的时候往往不知所措,上当受骗。

家长不妨在男孩小时候就对他进行一些挫折教育,有时候甚至可以给他人为地制造一些小麻烦。想方设法给他出一些生活难题,让他自己来处理。其间,父母不要提供"善意的帮助",这样会剥夺孩子独立的处事能力。父母不如放开手,让孩子去接受挫折的存在。在孩子向尚未经历过的事情挑战时,一般会饱受失败的折磨。不过,忍耐这种痛苦也是一种必需的经验。

有的男孩在逆境中易产生消极反应,往往会垂头丧气,采取退避的方式。父母要改变这种现象,就必须在男孩遇到困难时,积极鼓励他战胜困境。例如,当他登山怕高、怕摔跤时,家长就鼓励他:"别怕,你行的!摔一跤算什么?"这样会激发他的勇气与斗志,久而久之,他承受挫折的能力会得以增强。

男孩如果失败了,父母千万不能说一些抱怨的话,而是要鼓励男孩用一颗平常心去对待生活中所遇到的一些事情。父母要用温情去温暖男孩,对男孩进行引导。

此外,平时可以多给男孩买一些冒险类或名人传记类的图书。他读这些图书多了,便会受到潜移默化的影响,变得勇敢、坚毅、顽强。

● 建议二：教男孩承受生活的磨炼

有些事是可以通过努力解决的，也有暂时解决不了的。在个人无法抗拒的困难面前，承受能力就显得更重要。

如果我们把什么事都设想得一帆风顺，期望事事称心如意，对生活中可能产生的困难和问题毫无思想准备，一旦遭受挫折就会难以承受。相反，如果一个人阅历曲折、饱经风霜，在生活中受过多种波折和风险的磨炼，积累了同逆境搏斗的经验，一旦再遇到挫折，就能够比较冷静地分析产生挫折的原因，比较容易找到摆脱困境的捷径。

1864年9月3日这天，平静的斯德哥尔摩市郊突然爆发出一声震耳欲聋的巨响，滚滚的浓烟霎时冲上天空，一股股火焰往外冒出来。仅仅几分钟时间，一场惨祸发生了。当惊恐的人们赶到现场时，只见原来屹立在这里的一座工厂只剩下残垣断壁，火场旁边，站着一位30多岁的年轻人，突如其来的惨祸和过分的刺激，已使他面无人色，浑身不住地颤抖着……

这个死里逃生的年轻人，就是后来闻名于世的弗莱德·诺贝尔。诺贝尔眼睁睁地看着自己所创建的炸药实验工厂化为了灰烬。人们从瓦砾中找出了五具尸体，四个是他的亲密助手，而另一个是他在大学读书的小弟弟。五具烧得焦烂的尸体，令人惨不忍睹。诺贝尔的母亲得知小儿子惨死的噩耗，悲痛欲绝；年迈的父亲因大受刺激而引起脑出血，从此半身瘫痪。然而，诺贝尔在失败面前却没有动摇。

事情发生后，警察局立即封锁了爆炸现场，并严禁诺贝尔重建自己的工厂。人们像躲避瘟神一样地避开他，再也没有人愿意出租土地让他进行如此危险的实验。但是，困境并没有使诺贝尔退缩，几天以后，人们发现在远离市区的马拉仑湖上，出现了一只巨大的平底驳船，驳船上并没有装什么货物，而是装满了各种设备，一个年轻人正全神贯注地进行实验。原来，他就是在爆炸中大难不死、被当地居民赶走了的诺贝尔！

不怕死的毅力也会把死神从身边吓跑。在令人心惊胆战的实验里，诺贝尔依然持之以恒地行动，他从没放弃过自己的梦想。

功夫不负有心人，他终于发明了雷管。雷管的发明是爆炸学上的一项重大突破，随着当时许多欧洲国家工业化进程的加快，开矿山、修铁路、凿隧道、挖运河等都需要炸药。于是，人们又开始接纳诺贝尔了。他把实验室从船上搬迁到斯德哥尔摩附近的温尔维特，正式建立了第一座工厂。接着，他又在德国的汉堡等地建立了炸药公司。一时间，诺贝尔的炸药成了抢手货，诺贝尔的财富越来越多。

然而，初试成功的诺贝尔，好像总是与灾难相伴。不幸的消息接连不断地传来，在旧金山，运载炸药的火车因震荡发生爆炸，火车被炸得七零八落；德国一家著名工厂因搬运硝化甘油时发生碰撞而爆炸，整个工厂和附近的民房变成了一片废墟；在巴拿马，一艘满载着硝化甘油的轮船，在大西洋的航行途中，因颠簸引起爆炸，整个轮船葬身大海……

一连串骇人听闻的消息，再次使人们对诺贝尔望而生畏，甚至把他当成灾星。随着消息的广泛传播，他被全世界的人所诅咒。

诺贝尔又一次被人们抛弃了，面对接踵而至的灾难和困境，诺贝尔没有一蹶不振，他身上所具有的毅力和恒心，使他对已选定的目标义无反顾，永不退缩。在奋斗的路上，他已经习惯了与死神朝夕相伴。

强大的承受能力和矢志不渝的恒心最终激发了他心中的潜能，他最终征服了炸药，吓退了死神。诺贝尔赢得了巨大的成功，他一生共获专利发明权355项。他用自己的巨额财富创立的诺贝尔奖，被国际学术界视为一种崇高的荣誉。

诺贝尔的成功经历告诉我们：在遭遇变化尤其是挫折的时候，应学会调整自我，培养承受能力。否则，你输给的将不是别人而是你自己。

男孩如何培养自身承受能力，以更好地适应变化呢？

1. 在心理上把变化当作双刃剑

第一，生活中的变化是难免的。俗话说："天有不测风云，人有旦夕祸福。"人生会有各种各样的坎坷，事业也不会总是一帆风顺。纵观古今，许多成就大业的人，无一不是从逆境和坎坷中磨砺过来的。人类的文明，就是在不断的挫折与失败中获得进步的。

第二，变化也不一定是坏事。事业遭挫会给人以打击，带来损失和痛苦，但也使人奋起、成熟，从中得到锻炼。"自古雄才多磨难，从来纨绔少伟男。"巴尔扎克也说："世界上的事情永远不是绝对的，结果完全因人而异。苦难对于天才是一块垫脚石，对于能干的人是一笔财富，对弱者是一个万丈深渊。"

成就事业的过程往往也就是征服挫折的过程。强者之所以为强者，不在于他们遇到挫折时根本没有消沉和软弱过，而恰恰在于他们善于克服自己的消沉与软弱。

世界上的一切事物都是在不断变化和发展着的，都具有两重性。逆境可以向顺境转化，顺境同样也可以转化为逆境。家长要让男孩明白，挫折可以使人沉沦，也可以使人猛醒和奋起。关键在于受到挫折的时候，在失意中，能否从失败中吸取经验，能否发现自己好的一面、自己的优点和长处，从而振作精神，重新站立起来。当你在失望和沮丧中看到了自己的另一面，你就会突然发觉，天空原来是那么辽阔，阳光原来是那样明媚，自己并不是一无是处，从而鼓起战胜挫折的勇气和信心，提高对挫折的适应能力。

2. 在行动中把征服的理念奉行

蝴蝶成长的必然过程，是必须在蛹中经历痛苦的挣扎，直到它的翅膀强壮了，才会破蛹而出。人的生存也是如此，必须要承受挫折的打磨磕碰，才能在竞争中抢得一席之地。

苏联作家奥斯特洛夫斯基，在战争中双目失明，全身瘫痪。

他在病榻上完成了《钢铁是怎样炼成的》这部长篇小说，成为20世纪30年代苏联最优秀的文学作品之一。

直至现在，在化解失意带给我们难以承受的打击的时候，他的名言仍在耳边回响："人最宝贵的是生命，生命对于人只有一次。人的一生应当这样度过：当回首往事的时候，他不会因为虚度年华而悔恨，也不会因为碌碌无为而羞愧……"

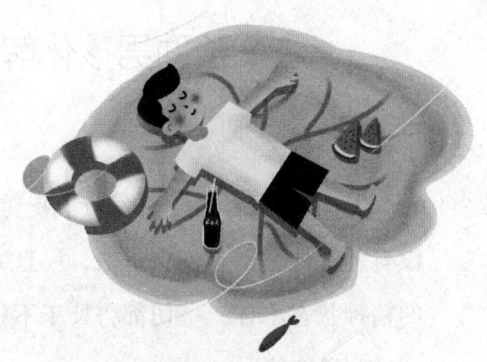

第六章

意志修炼，打造一级棒的心理素质

1

帮助男孩化解负面情绪

美国自然科学家、作家杜利奥曾经提出过这样一条心理定律：没有什么比失去热忱更可怕，一旦失去热忱，人便垂垂老矣。人的精神状态不佳，一切都将处于不佳状态。人们将这条定律称作"杜利奥定律"。

它揭示了一个本质性的问题：人与人之间只有很小的差异，但这种很小的差异却往往造成了巨大的差异！很小的差异就是所具备的情绪是积极的还是消极的，巨大的差异就是成功与失败。

男孩的心理是极敏感也是极脆弱的，作为家长，你平时有没有注意观察孩子的情绪变化和心理状态？

情绪在儿童心理活动中具有很强的动机作用。情绪是心理活动的伴随现象，在人类心理活动中的作用是其他心理过程所不能代替的。简单地说，情绪是人类认识和行为的唤起者和组织者。简单说，心情不好，状态不佳的时候，人是不会主动去做很多事情的。男孩也是一样，甚至比大人更敏感，更容易受到情绪的摆布。男孩如果能够把自己所做的事当成了一件快乐的事，那么他就会积极主动地去完成。而如果是被动地去执行，尽管有惩罚的威胁，但作用不大。

对于父母来说，使男孩保持乐观的情绪状态是很重要的。父母在培养、教育男孩时应该以身作则，或者用其他方法来教育、引导孩子拥有一颗快乐、乐观的心，让孩子成为一个开朗的人。

家长应该尽可能地保持一种积极的情绪状态，可以在家中讲笑话，增添家庭的快乐气氛。要知道家长这种积极心理现象可以促使男孩乐观积极、奋发向上。引导、教育孩子以乐观、积极的态度去面对一切，不仅需要各种活生生的事例让孩子心悦诚服，也需要父母自身能够以平静的心态对待一切。只有开心的父母，才会有快乐的孩子。

建议一：无边的绝望来自哪里

心理学家塞利格曼和梅尔做过这样一个实验：首先将一条狗放入一个笼子里，笼子底是用金属制作，将笼子用隔板一分为二，在狗所站的一侧通上电流，狗在受到电击后，只要跳到无电的另一侧，就可不受电击。一次次重复后，狗就学会了在遭到电击时跳过隔板。后来实验者将狗约束住，放到通有电流的一侧，一次次给予电击，狗虽然想挣脱却无能为力。再到后来，实验者将狗的约束解除，放入笼内，再给予电击，结果发现，狗不再试图跳过隔板，而只是在笼子里来回跑动，或不停地呻吟，无所作为，一直等到电击消失为止。狗在多次受到挫折以后，产生消极认识，进而感到无助和绝望，并逐渐失去了与命运、挫折抗争的心理。

塞利格曼从这个条件反射实验中提出"习得性无助"的理论。心理学研究表明,"习得性无助感"不但会发生在动物身上,在人身上也同样会发生。当人长期遭受失败与挫折时(如学习成绩差、升学考试失败、失恋、不良人际关系,甚至身患不治之症,等等),如果总是不能突围这种困境,他们会产生绝望的体验,最终对自己和人生彻底失望。

自从进入市重点高中以后,王浩就开始讨厌学习。其实,王浩在中学和小学时学习很好,经常在班上名列前茅,可自从进入市重点高中以后,王浩发现,班上的同学个个都很强,开学不久的一次考试将王浩推进了深渊。那次考试,他竟然有两门不及格,就连他最拿手的数学也只考了70分,这无疑是给了他当头一棒。

那次考试之后,他曾暗下决心,要努力学习,迎头赶上。但期中考试之后,他彻底绝望了,因为他又有两科不及格,总成绩也不高。班主任为此还专门找他谈了话,将他批评了一顿,班主任认为是他没有用功学习。其实,他已经很努力了,只是不知为什么成绩总上不去。之后,他索性破罐子破摔,经常不写作业,上课也不好好听讲……他看不到自己的未来,他不知道自己以后能干什么……

其实,王浩此时体验到的就是"习得性无助感",学业上频频失利使他产生了消极的认识,他曾经的"辉煌"都被现在的失利吞噬了。他否定了自己的能力，看不到自己的未来。

导致孩子"习得性无助"的原因多是教师和家长对孩子提出过高的要求。孩子即使再努力，都无法达到他们的要求，并且无论如何也会受到此类的批评和指责，如："这孩子不用功。""还是没有发挥出水平。""怎么这么笨？""你怎么总不如某某学习好？"这样，久而久之，就会给孩子造成一种错觉："我永远都不会成功，我又何必努力呢？"孩子就会失去信心，变得茫然，进而会觉得自己是一个废物。这时，孩子的"习得性无助"已经形成了。

不管男孩的成绩、美丑、过去，现在都要给孩子注入一种爱，用爱的力量温暖男孩的心灵。在孩子失落的时候，孤立无助的时候，至少让他们感到：这个世界上还有爸爸妈妈爱着我，这无疑会使孩子在情感上获得重生的力量。

父母的话语对于男孩来说，具有很强的权威性，男孩经常对父母的话深信不疑。因此，永远不要说"你不行""你真笨""你不如某某"之类的话语。永远不要在孩子的伤口上撒盐。无论是怎样的男孩，你都要与其进行善意而有爱心的对话，使他们尽快摆脱"习得性无助"，振奋精神，继续上路。

● 建议二：不要让男孩的妒忌成为一种病

嫉妒是每个人都有过的一种情绪体验，它是人们普遍存在的一种心理。嫉妒心理是一种负面情绪，是指自己的才能、名誉、地位或境遇被他人超越，或彼此距离缩短时所产生的一种由羞愧、愤怒、怨恨等组成的多种情绪体验。它是有明显的敌意，给人际关系造成极大的障碍。有时，明知道是嫉妒，是不应该的，却无法消除。地位相似、年龄相仿、经历相近的人之间容易产生嫉妒心理。

雷凡和左安小学时就是形影不离的好朋友。两个小伙伴更是整天在一起玩，晚上放学后也一起写作业，有了喜欢的东西也喜欢和对方分享。

但最近，妈妈发现，雷凡对左安有些反感，最近一直没理左安，妈妈感到很奇怪。

这天放学后，电话响了，妈妈接起来后，是左安打来找雷凡一起出去玩的。

"雷凡，左安叫你一起出去玩。"妈妈叫雷凡接电话。

"我不去，就说我正在写作业呢。"雷凡闷闷地说。

"雷凡，你怎么了？"妈妈握着电话不知道该怎么说。

"我都说了不去了，真烦。"

"对不起啊，左安，雷凡他有点不舒服，今天就不去找你玩了，明天让他过去找你好吗？"妈妈只好这样告诉左安。

放下电话后，妈妈问儿子："你怎么不理左安了，你们不是好朋友吗？"

"没有呀，只是我今天心情不好。"

晚上吃晚饭时，爸爸说："雷凡，听说左安被评为'市三好学生'了，怎么没听你说过啊？"雷凡突然就放下了碗筷，一脸不服气："哼，那有什么了不起的！真是的，有了一点点的成绩就到处炫耀……"

妈妈忽然明白了，怪不得雷凡最近不理左安呢，原来左安被评为了"市三好学生"，而雷凡却与此无缘。多年的好朋友之间出现了不平等，于是雷凡因为嫉妒，而不愿意与左安交往了。

希腊著名心理学家乔治·卡纳卡基斯说："其实嫉妒是一种十分自然的反应，每个孩子都会嫉妒。"孩子的嫉妒心理从很小的时候就会有所反映，有人做过实验，15个月的孩子，如果妈妈当着他的面抱别的孩子，他就会有所反应，非要让妈妈放下别人抱自己，并紧紧搂住妈妈，好像在说："这是我的妈妈，不是你的。"

生活中我们发现，好多种情况都能使男孩产生嫉妒心：比如，妈妈夸赞别的小朋友，自家的孩子就会嫉妒。如果别的小朋友有一个好看的变形金刚，自己没有，心里就会不好受。

可以说，嫉妒在每个男孩身上，都有程度不同的反应。而现在家长对孩子的娇惯，更助长了嫉妒这种心理。嫉妒已成为一种愈来愈严重的通病。

男孩对他人拥有的自己不具备或得不到的东西，往往会产生一种由羡慕转化为嫉妒的心理，这是很正常的现象。父母平时应该多和男孩接触交流，及时掌握孩子的心理变化，了解孩子嫉妒的直接起因，耐心倾听孩子的心理感受。要知道，孩子的嫉妒是直观、真实甚至自然的，它完全不像成年人那样掺杂着许多其他的社会因素，它只是孩子们对自己愿望不能实现而产生的一种本能的心理反应。

　　因此，当男孩显露出其嫉妒心时，作为家长，千万不要严加批评指责，而是倾听，理解他的愤怒、不安、烦躁等不良情绪。在男孩倾诉完之后，要为他正确分析与他人产生差距的原因。积极寻找缩短差距的途径和方法，以便使男孩能正确与他人进行比较，以积极的方式缩短实际存在的差距，最终化解内心的不平衡。

教男孩不要盲目扩大自己的愤怒

正在上四年级的鹤轩有一次忘了把新来的老师发的数学试卷带回家,他急坏了,这可是今天的作业啊,一定要完成的。突然,他想了一个办法,去找楼下的彬彬,借来他的卷子,把上面的习题誊抄到本子上,然后做完它。这并不是一件轻松的事,他足足花了一个半小时才抄完习题,然后又花了同样的时间做完试题。他本以为像他这么认真,老师肯定会夸他的,可是没想到的是,当第二天上数学课时,老师看到他的卷子,当着很多同学的面,狠狠地批评了他。老师认为他是没把作业当回事才忘了把卷子拿回家,誊写是因为有的题不会想看看别人的。

这件事使得鹤轩很长时间对这位数学老师怀恨在心。他开始经常在这个数学老师的课上捣乱,不听讲,屡次顶撞老师,甚至经常向别的同学散播数学老师的谣言。在他看来这个数学老师简直一无是处,长得丑,讲课不好,人品不好,还很"笨"。

其实数学老师当天批评他后,心里挺后悔的,她觉得自己的做法很不对,在以后的日子里,总是试图去弥补。可是鹤轩哪里领情,他是认定了这个老师不是好人。老师让他回答问题,他认为是想故意为难他；给他看作业，他认为是故意想找他的错；让他来黑板上写数学公式，他认为是想嘲弄他……后来，因为对老师的抵触，他的数学成绩也越来越差了。

鹤轩以自己的心去推测老师，因为他对老师有意见，便推测老师也是这样，总想处处为难他，这种心理是明显的"投射心理"。所谓的"投射心理"，也就是指将自己的特点归因到其他人身上的倾向。在人际认知过程中，常常假设他人与自己具有相同的属性、爱好或倾向等，常常认为别人理所当然地知道自己心中的想法。以己度人，把自己的感情、意志、特性投射到他人身上。

心理学家罗斯曾做过一个实验来研究投射心理：在80名参加实验的大学生中征求意见，问他们谁愿意背着一大块牌子在校园里走。结果，48名大学生同意背牌子在校园内走动，并且认为大部分学生都会乐意背，而拒绝背牌的学生则普遍认为，只有少数学生愿意背。可见，这些学生将自己的态度投射到其他学生身上。

投射使人们倾向于按照自己是什么样的人来知觉他人，而不是按照真实的客观情况来认知别人。比如，一个心地善良的人会以为别人也都像他一样善良；一个喜欢嫉妒的人会认为别人也总在嫉妒他。

正处于成长阶段的男孩们，其实是很容易出现投射心理的，他们总是习惯于理所当然地认识周围的人，自己的态度不好，也会把这种态度投射到自己不喜欢的人身上。

男孩如果总是用"投射心理"来认识周围的同学和老师,极容易出现认知的偏差。导致人际关系出现紧张。在平时,父母要给他灌输一种辩证地、一分为二地去看待自己和别人的思想。跳出事情,站在旁观者的角度来重新审视。

● **建议一:聪明的妈妈懂得为男孩隐藏的压力"排雷"**

比利刚当上公司技术部的经理,接受一个客户的邀请共进晚餐。在饭桌上,客户对比利说:"只要你把公司里最新产品的数据资料给我,我会给你很好的回报,怎么样?"

比利站了起来,气得满脸通红:"不要再说了,这样做是不可以的!我不会出卖我的良心做这种见不得人的事,这个要求我没有办法答应你。"

"好,好,好。"客户不但没生气,反而颇为欣赏地拍拍比利的肩膀,"这事儿就当我没说过。来,干杯!"

不久,发生了一件令比利很难过的事,他所在的公司因经营不善破产了。比利失业了。正在他为生计发愁之时,突然接到客户的电话,客户邀请他来自己的公司一趟。

比利疑惑地来到那家公司,他以为上次在饭桌上已经得罪了客户,不知道这次这位客户葫芦里卖的是什么药。出乎意料的是,客户热情地接待了他,并且拿出一张大红聘书——请比利到他公司做技术顾问。

比利惊呆了:"你为什么会雇佣我?"

客户哈哈一笑说:"小伙子,你的技术水平是出了名的,你的正直更让我佩服,你是值得我信任的那种人!"

原来,正是比利在饭桌上"得罪"客户的行为,让客户真正看清了他的正直人品,也让比利幸运地得到了新工作。

有些男孩步入社会时,常常错误地认为一个人的信用是建立在金钱基础上的。一个有钱有势的人不一定有信用,因为再雄厚的资本也不等于信用。与百万财富比起来,高尚的品格、精明的才干、吃苦耐劳的精神要高贵得多。

假如一个男孩禁不起金钱的诱惑,其生命、道德,就掌握在金钱的手中;禁不起名利的诱惑,其生命、道德,就会掌握在名利的手中。假如禁不起爱情的诱惑,其生命、道德,就会掌握在爱情的手中;假如禁不起甜言蜜语、富贵荣华的诱惑,就会迷失在世间的诱惑里。

故事里的比利正是因为抵制住了诱惑,坚守内心的正义,没有把原来公司的数据泄露出去,才有了在失业后迅速得到新工作的机会。在任何时候,我们都要教导男孩做一个正直的人,应该凭借自己的良心和道德标准来办事,辨清是非曲直。不要为了一时的诱惑和利益而丧失道德。做一个正直的人,依照道德准则去办事,才能让我们不被眼前的一点小利益所诱惑,成就一生的长远大计。

建议二：告诉男孩"你可以调动情绪，你就可以调动一切"

美国前总统布什说："你能调动情绪，就能调动一切！"1990年，一个心理学概念的提出在世界范围内掀起了一场人类智能的革命，并引起了人们旷日持久的讨论，这就是美国心理学家彼得·塞拉维和约翰·梅耶提出的情商概念。

情商（EQ）又称情绪智力，是近年来心理学家们提出的与智力和智商相对应的概念。它主要是指人在情绪、情感、意志、耐受挫折等方面的品质。总的来讲，人与人之间的情商并无明显的先天差别，更多与后天的培养息息相关。

长期以来，人们将智商视为人生成败的决定因素，并将它作为衡量个人能力的主要指标。近百年间，研究者设计出五花八门的智商测试方法，接受各种测试的人也数以亿计。尽管研究规模如此巨大，耗时如此之长，但还是有不少人提出了疑问：智商高的人真的比普通人能力更强吗？

有一个叫威廉·宾德的人，自一出世，他父亲就采用各种手段开发其智力，因为父亲想让他成为世界上最聪明的人。3岁时他就能用本国语言自由阅读和书写，在当地可谓是神童，4岁写出了3篇500字的文章，6岁写了一篇解剖学论文。他就像一个金矿一样，被他父亲开采着，"聪明"是他唯一的代名词。

小学入学的当天上午他被编入一年级，中午母亲去接他时，他已经是三年级的学生了。他8岁上中学，11岁进入哈佛大学。

由此可以看出,宾德的脑子足够聪明,智商不可谓不高。他是众多学子羡慕的对象,但是他后来的求职经历与他的高智商完全不相称,最后他离家出走,在一家商店当店员,一生碌碌无为。

很多人对此感到不解。细心的人们应该还能够回忆起类似于清华大学高才生刘海洋泼熊事件,不绝于耳畔的许多国内高等学府的学生因不堪各种压力跳楼自杀,因一点小事而愤然用刀砍死同学……太多的天之骄子的言行让人们震惊,人们从此开始寻找问题背后深层的原因。

难道是这些学生不够聪明?还是他们不能意识到问题的严重性?其实这些问题的根源不在于他们的智商,而是他们不懂得控制自己的情绪,于是愤然失控;不知晓调整自己的心理状态,于是在面对人生逆境之时选择了走向极端,甚至结束自己的生命。虽然他们有很高的智商,但他们的情商却非常低,可见情商对于一个人的重要性。

情商不同于智商,它不是与生俱来的,而是由5种可以学习的能力组成的。

(1)了解自己的情绪的能力。能立刻察觉出自己的情绪,并从中找出情绪产生的原因。

(2)控制自己的情绪的能力。能够安慰自己,感知自己,从而摆脱强烈的焦虑忧郁以及控制刺激情绪的根源。

(3)自我激励的能力。能够及时地整顿情绪,让自己朝着一定的目标去努力，去奋斗，从而增强注意力与创造力，从平凡走向成功。

（4）了解别人、认知别人情绪的能力。能充分地感知别人的情绪并影响对方。

（5）维系并融洽人际关系的能力。

情商与人们的生活、工作息息相关，一个高情商的男孩在学业上容易出类拔萃，走上社会后工作上易于成功，婚姻中易产生幸福感，人际关系如鱼得水。情商是一种能力，是一种创造，更是一种沟通技巧。既然是技巧那么就有规律可循，就能掌握，就能熟能生巧。只要男孩多点机智，多点磨炼，多点感情投资，也会像"情商高手"一样，营造一个有利于自己生存的宽松环境，建立一个属于自己的交际圈，创造一个更好地发挥自己才能的空间。

3

培养男孩的"阳光心态"

在美国有一位颇负盛名,被称为传奇人物的教练——伍登。他在全美12年的篮球年赛当中,替加州大学洛杉矶分校赢得10次全国总冠军。如此辉煌的成绩,使伍登成为大家公认的有史以来最称职的篮球教练之一。

曾经有记者问他:"伍登教练,你在赛场上总是精力充沛,是什么力量支持你取得今天这么辉煌的成就呢?"

伍登很愉快地回答:"每天我在睡觉以前,都会提起精神告诉自己:我今天的表现非常好,而且明天的表现会更好!"

"就只有这么简短的一句话吗?"记者有些不敢相信。

伍登坚定地回答:"简短的一句话?这句话我可是坚持了20年!重点和简短与否没关系,关键是在于你有没有持续去做,如果无法持之以恒,就算是长篇大论也毫无帮助。"

伍登那积极与执着的态度不单只是表现在篮球上,他对其他的生活细节也持同样的态度。有一次他与朋友开车到市中心,面对拥挤的车潮,朋友感到不满,继而频频抱怨,伍登却欣喜地说:"这里真是个热闹的城市。"

朋友好奇地问:"为什么你的想法总是异于常人?"

伍登回答:"一点都不奇怪,我是用心中的'眼睛'来看待事情。不管是悲是喜,我的生活中永远都充满机会,这些机会的出现不会因为我的悲或喜而改变。只要用积极的态度去面对生活中的大事小事,我就能够掌握机会,激发更多的潜在力量。"

伍登积极的生活态度给了他生活的激情与工作的动力,让他在收获成功的同时也收获了一种健康的生活方式与生活态度。

但很遗憾的是:在家庭教育中态度往往是父母和孩子所忽略的,其实,积极的态度可以激发人体内最大的"快乐因子",这可以让我们,也可以让孩子在面对问题的时候保持乐观的心态,在一种无形的力量的牵引下继续向前。在此基础上父母也应该让孩子知道,态度的秘密——它左右着孩子的每一次选择,最终也将决定孩子的一生。

态度是一种力量,可以激发人体内在的潜能。每个男孩的身上都潜伏着巨大的力量,这种能量一旦激发,就会给他们的人生带来无法想象的改变,而态度就是激发这种能量的导火索。一旦男孩们意识到这种力量的存在,并以更加积极的态度运用它,他们就能够改变自己的人生。

无数成功人士的奋斗历程已经验证:成功是由那些抱有积极心态的人所取得的,并由那些以积极的心态努力不懈的人所保持。拥有积极的心态,即使遭遇困难,也可以获得帮助,事事顺心。

可见，培养男孩积极的"阳光心态"势在必行。

那么，父母应该怎样培养男孩的这种心态呢？

第一，引导男孩认识自己。很多男孩子都希望找到正确的生活态度与生活方式，拥有快乐的生活。而要拥有这一切，他们迫切需要做好自我分析，因为只有了解自我，才会走好自己的人生之路。当他们弄明白自己所要的前景以及自己的相关条件时，就会努力实现他们的愿望，也就能达到他们所期望的，正所谓"心有多远，你的世界就有多大"。社会心理学家研究发现，善于给自己的生活做出计划的人往往比较勤奋、进取，擅长理性思考，对生命成长的每一个阶段都能谨慎把握，采取正确的生活态度，一般都能主宰自己的命运，成功也自然和他们有缘。但是，所有的一切都因为自己而开始，这足以说明让男孩认识自我有多重要了。

积极的心态要从认识自己开始。你的孩子可能解不出那么多的数学难题或记不住那么多的外文单词、成语，但在处理班级事务方面却有特殊的本领，排解纠纷，有高超的组织能力；你的孩子在物理和化学方面也许差一些，但写小说、诗歌是能手；也许孩子分辨音律的能力不行，但有一双极其灵巧的手……

如此一来，父母让孩子在认识到自己长处的前提下，如果能扬长避短，认准目标，抓紧时间把一门学问刻苦、认真地做下去，久而久之，自然会结出丰硕的成果。相反，如果对自己没有清醒的认识，就不可能用正确的态度去面对学习和生活，就容易导致悲剧的发生。

第二，激发男孩的潜意识。潜意识到底是什么？弗洛伊德有一个十分形象的比喻，人的心灵即意识组成仿佛一座冰山，露出水面的只是其中一小部分，代表意识，而埋藏在水面之下的绝大部分则是潜意识。人的言行举止，只有少部分由意识掌握，其他大部分都由潜意识主宰。

潜意识具有无穷的力量，它隐藏在心灵深处，能够创造魔术般的奇迹。爱默生说："在你我出生之前，在所有的教堂或世界存在之前，潜意识这种神奇的力量就存在了。这是一个伟大的、永恒的真实力量，是生命运动的法则。"

只要你让孩子牢牢抓住这个能改变一切的魔术般的力量，就能够治愈男孩心灵的创伤，愈合他身体的伤痛，摆脱他心中的恐惧、失败、痛苦和沮丧。他们所要做的一切就是将自己的精神、情感与他们所期待的美好愿望结合为一体，富有创造力的潜意识会为他们做出安排。

第三，让行动促使男孩形成积极的态度。父母需要让男孩明白，实际上态度与行为是一种相互作用的关系，态度可以作用于行为，行为还可以反过来作用于态度。如果男孩的态度是乐观的，其行为也会向着积极的方向发展；如果他们的行动是积极主动的，就会大大地促进正确态度的形成。行动能带来回馈和成就感，也能带来喜悦，使他们得到自我满足和快乐；如果他们想寻找快乐，如果他们想发挥潜能，如果他们想获得成功，就必须积极行动，全力以赴地把想法付诸实践。这样才能在行动中养成阳光的心态。

● 建议一：帮助男孩去掉"忧郁病"

文海今年才15岁，担任学生委员。由于平时学习压力大，而且由于内向又很少有真正交心的朋友，文海这几年来有一种难以言状的苦闷与忧郁感，但又说不出什么原因，总是感到很迷茫，一切都不顺心。即使遇到喜事，他也毫无喜悦的心情。过去回家后常常和父母去看电影、听音乐，但后来就感到一切索然无味。

他深知自己如此长期忧郁愁苦会伤害身体，并且影响家人心情，但又苦于无法解脱，而且还导致睡眠不好、多噩梦及胃口不开。有时他感到很悲观，甚至想一死了之，但对人生又有留恋，有很多放不下的东西，因而下不了决心。

他的父母知道他的忧郁心理比较严重，总是想方设法讨他欢心，经常和他谈心，陪他听音乐，给他讲一些幽默笑话……可是没什么效果。文海很容易因为天气的变化而伤感，太阳好的时候他总是怕阴天，阴天的时候总是怕太阳不出来。

同学们见他总是这么的多愁善感，还总是写一些很忧郁的文章来表达他的心情，于是送给了他一个绰号，"忧郁诗人"。

人们都认为忧郁是一种高贵的精神品性，是一个良知者应有的文化基调，故在美学和哲学上都具有不可估量的意义与价值。从美学上看，忧郁情结同浪漫的悲剧感休戚相关。朱光潜说："浪漫主义作家突出的特点之一是热衷于忧郁的情调，叔本华和尼采的悲观哲学可以说就是为这种倾向解说和辩护。"他在《悲剧心理学》中系统阐释了忧郁的美学意味，并令人信服地论证了它的合理性："忧郁是一般诗中占主要成分的情调。""……在忧郁情调当中有一种令人愉快的意味。这种意味使他们自觉高贵而且优越，并为他们显出生活的阴暗面中一种神秘的光彩。于是，他们得以化失败为胜利，把忧郁当成一种崇拜对象。"

但是忧郁这种气质在心理学上是一种病态心理，也就是人们常说的抑郁症。很显然，故事中的文海是被抑郁"缠上了"。

抑郁心理是以心境低落为主，与处境不相称，可以从闷闷不乐到悲痛欲绝，甚至发生木僵。期间常常伴有厌恶、痛苦、羞愧、自卑等情绪，严重者可出现幻觉、妄想等精神病性症状。对大多数人来说，抑郁只是偶尔出现，历时很短，时过境迁，很快就会消失。但对有些人来说，则会经常地、迅速地陷入抑郁的状态而不能自拔。

然而，在多数人眼中，抑郁仿佛永远在他处，与己无关。事实并非如此，据世界卫生组织估计，几乎每30个人当中，就有一个人正经受着抑郁症的困扰，每15个人当中，就有一个曾经面对过这种疾患，并且男性比女性更容易患上抑郁症，其概率为2∶1，并且抑郁症还具有一定的遗传性。但若没有重大事件的刺激，孩子和父母一般不会同时患上抑郁症。所以即使自己患有抑郁症，也不必忧心忡忡。避免孩子遭受不必要的打击，能很好地让他远离抑郁症。

抑郁症危害也比较严重,一旦被抑郁缠身,便会很难挣脱,有的甚至抑郁情绪反复发作,时好时坏。并且六成以上的抑郁症患者有过自杀的行为或想法,15%的抑郁病人最终自杀。

现代医学认为抑郁症发病一般不是单方面因素引起的,而是遗传、体质因素、神经发育和社会心理等因素共同作用的结果。家族病史、婴幼儿期没有得到足够的爱、突发灾难、长期精神压抑等,都是致病因素。

所以在养育男孩的过程中,要注意孩子的心情,一旦发现孩子有抑郁的心理,要根据抑郁形成的原因,及时解除孩子身上的抑郁魔咒。让孩子保持一种快乐的心态去生活。

虽然引起抑郁的原因多种多样,引起每个孩子抑郁的事情也都有所不同,但调节抑郁的方法却有法可循。其实,平时的休闲活动都可以在一定程度上调节抑郁情绪。下面介绍几种实用的小方法,不妨一试:

第一,随意涂鸦:父母引导孩子把引起他忧郁的事情画出来,比如,因为想念双亲而忧郁,就把双亲慈祥的面孔画出来,不要计较像与不像,只要倾注全部感情去画。如果讨厌一个人,也可以去画他,把你厌恶的感情也画进去。

第二,写下随想:当孩子心情不佳时,不妨拿起一支笔,抒发胸中的情感,将心情诉诸纸上,会有释放的感觉。写完之后最好不要回头去看,否则忧郁的情绪会循环往复,无法自拔。

第三，亲近自然：当你感到无助和抑郁时，不妨置身于自然之中，感受自然的鸟语花香，忘记现实的烦恼。

第四，妙用便利贴：把鼓励自己的话，写在便利贴上，贴在自己一眼就能看到的地方，不时提醒和鼓励自己，便不会感到孤单和萎靡不振。

第五，聆听音乐：虽然音乐的确能够达到调节抑郁的目的，但不同的人最好根据自己的喜好来选择音乐。

第六，欣赏绘画：绘画是一种美的艺术，欣赏绘画是一种高尚的审美情趣。不论欣赏者的文化水平高低，都能从优美的绘画形象中得到美的享受，受到启发和教育。观赏绘画是一种有益于人体身心健康的活动，特别是当孩子心情忧郁的时候，看山水、花卉、鸟兽、松竹之画，会让他心情好转。当孩子难以入眠，或心情不顺畅，或烦躁不安，此时观画，可养心神。翻看山水画集，见到那一座座宏伟的大山，就会被大山拔地而起、直耸云天的气势所感染，就会被大山的深沉、稳健、镇静所感化，会因百丈悬流飞瀑而兴奋，也会被千姿万态的异石奇景所迷，亦为鸟语花香所醉。心入画中，置身其间，心旷神怡，实可起到消除抑郁的作用。

第七，创造家庭好环境：良好的家庭环境是使得孩子免受抑郁侵害的保护伞。父母应避免长期在孩子面前吵架、向孩子诉苦、给他讲一些悲观的想法。

建议二：妈妈的鼓励就是投向男孩心灵的阳光

中国伟大的教育家陶行知先生曾深刻地指出："教育孩子的全部秘密在于相信孩子和解放孩子。"相信孩子、解放孩子，首先要欣赏孩子，没有欣赏就没有教育。现在让母亲们停下来，给自己设置一个场景：

假设你今天在公司认认真真地做了一份策划书，被同事大肆赞扬一番，你会怎么想呢？会不会感到很欣慰："我的努力没有白费。"

假设你今天烧了一桌可口的饭菜，丈夫孩子吃完后满足地说："嗯，今天的菜做得真好！"你心里会不会特别高兴，下次还兴致勃勃地为大家做上一大桌的好饭菜？

其实孩子也一样，他们也很需要妈妈的欣赏和认可。要知道鼓励可以说是每一个人的自然需求。谁能总是受着批评、指责、埋怨仍保持喜气洋洋、斗志昂扬呢？而男孩幼小的心灵就更需要鼓励了，鼓励能使孩子信心高涨，更加努力，就像托马斯说过的那样："有时候，及时有力的鼓励是对孩子最好的帮助。"

成功学大师拿破仑·希尔从小曾经被认为是一个坏孩子。母牛走失了、树莫名其妙被砍倒了等诸如此类的坏事，人们都认定是他做的，甚至父亲和哥哥都认为他很坏。人们都认为母亲死了，没有人管教是希尔变坏的主要原因。既然大家都这么认为，他也就无所谓了。

直到有一天父亲再婚。当继母站在希尔面前时，希尔像枪杆一样站得笔直，双手交叉在胸前，冷漠地瞪着她，一丝欢迎的意思也没有。

"这就是拿破仑，全家最坏的孩子。"父亲这样介绍道，而他的继母则把手放在希尔的肩上，看着他，眼里闪烁着光芒。"最坏的孩子？一点也不，他是全家最聪明的孩子，我们要把他的本性诱导出来。"

继母造就了希尔，他一辈子也忘不了继母把手放在他肩上的那一刻。

每一次鼓励都是给男孩创造一次机遇，男孩需要鼓励，需要信心，就如植物需要浇水一样，离开鼓励，男孩就不能进步。记得威廉·詹姆斯也曾经说："人性中最深切的本质，是被人赏识的渴望。"事实也的确如此。在现实生活中，没有一只狗会在打骂中学会站立；没有一个孩子会在批评中产生学习的兴趣；没有一对情侣会在相互的指责中增加彼此的爱意；也没有一对朋友会在嘲笑中增进彼此的友谊。

人人都需要鼓励！鼓励是一杯心灵的安慰，鼓励是源源不断的力量源泉，鼓励是对孩子真挚的爱，鼓励还是一种执着的肯定。孩子在鼓励的支撑下，会一点点地做到最好。

因此，学会由衷地鼓励自己的孩子是十分重要的。不要给男孩施加压力，而是营造一个轻松的成长氛围。越是在自卑或不如意的时候，男孩越需要鼓励和欣赏，要知道过火的指责和粗心的淡忘，只会给男孩造成心理上的负面影响。

第七章

乐群、合群,男孩应具备的成功能力

1
庭院里训不出千里马

据说在日本的北部生存着一种狐狸，当母狐狸生下幼崽后，狐狸家庭的生活是充满温馨和幸福的。但当狐狸崽儿刚开始蹒跚学步，狐狸父母便迫不及待地教它们如何捕猎食物，再稍大一点后，狐狸父母便狠心地把小狐狸咬走，逐出家门。当怀念家庭温暖的小狐狸又偷偷地回家时，狐狸父母便会毫不嘴软地再咬，哪怕咬得鲜血淋漓、伤痕累累，也绝不容许它们返回家门。狐狸们深知，小狐狸不可能靠大狐狸养一生，在激烈的生存竞争中，只有学会高强的生存本领，长大才会潇洒自如地生存下去，而高强的生存本领则只能靠自己从小锻炼才成。

狐狸的教子方法无疑是很聪明的，大狐狸狠心地把小狐狸咬出家门，让小狐狸在吃苦中成长，久而久之，锻炼出了小狐狸较强的生存能力。中国人常言："庭院里训不出千里马。"为了孩子能成为千里马，家长千万别把"小马驹"圈在庭院里保守地"饲养"，而应该让他们冲出庭院，去接受挑战，去冒险。

世界充满了机会，儿童充满了好奇。家长要重视保护孩子的冒险精神，鼓励孩子做探路者，而不是模仿者和追随者。想想你在平时是不是有过类似情形：限定孩子出去玩耍的时间，并告诫孩子不能够乱跑乱碰等；孩子对自然界陌生的事物感到好奇时，会情不自禁地去尝试，这时你会顾虑产生危险而禁止孩子去冒险探索未知的事物。

不让孩子冒险，就不能使其度过人生的大危险。来自现实教育的报告指出，小孩子使用工具的能力很差，不能用刀削铅笔，上版画课时，让孩子带雕刻刀，马上就把手划破了。

但是，如果人一次也不体验危险，也就不会产生回避这种危险的智慧。这或许有些夸张，但是可以说人类的历史就是反复与这种危险进行斗争的历史。

然而，现在的孩子们几乎没有得到尝试这种错误的机会了，用一句话来说，这就是父母过度保护的结果。

当然没有必要让孩子平白无故地去冒险，在生活中存在着许多培养孩子克服一定程度危险的机会，有时让孩子成为掉落谷底的狮子也是很必要的。孩子未必一辈子都能在安然的环境中生活，应当尽量让他们去体验，让他们增强适应能力，这也是父母所应尽的责任。

每个人在成长过程中都需要冒险，都需要面临失败。其中，也许有些孩子失败的次数比较多，家长也会由此变得不安，他们担心孩子的前程，于是处处防患于未然，不让孩子失败。

要锻炼孩子的勇气，常常对父母自身的勇气是一个考验，他们往往对孩子的安全过于忧虑，为防止万一发生危险，而宁愿牺牲孩子锻炼的机会。然而，这样做事实上是很自私的。父母更多的是为了保护自己的孩子不受万一可能发生的危险的伤害，害怕自己不能承受由此而来的打击，所以为求保险而加倍保护，造成孩子缺乏勇气的弱点。我们需要克服这种自私，为孩子的将来着想，大胆鼓励他们去做力所能及的事情，做一个勇敢的孩子。

为培养孩子的勇气，以及给予他们更多自由的玩耍空间，父母就应当多鼓励孩子，少打击孩子。比如孩子的脚还蹬不到自行车蹬子就想骑车，从未离开过父母就想和同学一起去郊游时，不要轻率地否认孩子想要试一试自己能力的努力，不要说"不行，太危险了"之类的话。

一位儿童心理学家说："人应该有探索，有追求。而这些都离不开冒险探索的精神。""初生牛犊不怕虎"，孩子本来是无所畏惧的，他们喜欢冒险，积极探索的精神就是从这里产生的。

西方幼儿教育很注意让孩子们在各种冒险活动中去体验成功的滋味，锻炼勇气和信心。比如在看马戏时，让一头身挂很多玩具的牛在舞台上来回走动。主持人宣布，愿意上台摘玩具的孩子，只要把玩具拿到手便归自己，另外再发奖品。孩子们都踊跃上台，而在座的家长却没有人会加以阻止。如果孩子在拿取牛身上的玩具时表现得很勇敢很机灵，便会博得全场一阵阵热烈的掌声。孩子们在克服重重困难的过程中增强了勇气和信心。这种积极进取、不畏艰险的精神，是由既放心又放手的勇敢的家长培养出来的。

因为害怕危险而不敢让孩子去冒险，无异于因噎废食。作为父母，应该鼓励孩子成为探路者而不是模仿者。

建议一：外面的世界更适合男孩

爬树、登高、从高处往下跳、溜冰、滑雪等，这些在家长看来很危险的行为，却是有些男孩最喜欢的运动。男孩子好像总是那么精力充沛、一刻都不想停下来。因此，有些家长经常不由自主地叹气：淘气的孩子真麻烦，他好像时时刻刻都在设法让你提心吊胆。然而，很少有家长从源头上分析：我的孩子到底怎么了？为什么他总是做这些危险的活动？为什么他的精力总也用不完？

一家三口正在不声不响地吃饭，儿子突然开口说话了："我找到一个鸟窝！"

母亲抬起头，瞪大了眼睛，父亲也聚精会神地听儿子说话。男孩很高兴，指手画脚地讲了起来。他说，今天放学回家的路上，看见一只金翅雀从一棵大白松树树冠里飞出来。他就在浓密的树枝里搜寻，终于发现在高处一根树杈上有一团乌黑的东西。

他把书包放在地上，开始往松树上爬。巨大的松树又粗又高，他那小小的身子紧紧贴在树皮上，慢慢往上挪动，每一次挪动都要分两步进行：先用胳膊抱住，接着两条腿尽量往上蜷，最后才停下来，四肢牢牢抓住坚硬的树干，用了很长时间才爬上去。

父亲和母亲惊呆了，谁也没有吱声。就这样，两个人战战兢兢、一声不响地听着。

男孩的天性就是喜动不喜静,他们有使不完的劲儿,其实,我们并不能完全责备这些精力充沛的孩子。冒险对他们来说是一种证明自我的机会。而爬树是诸多冒险行为中最受男孩尊崇的一种。

这在父母看来是一种危险,而对男孩们来说却是有价值的危险。首先,男孩可以通过观察树的整体,判断自己是否能爬上去。如果认为能爬,就会想到下一步的方法,确定从何处往上爬,那个树枝能否支撑自己的体重,需要确认的项目很多。这样,当孩子们根据自己的印象判断能够爬到树顶时,便决定进行实际爬树,当然有时也会从树上掉下来受伤。但这是因为自己的判断不得法而产生的失败,这将成为下一次成功爬树的经验。

对这些男孩们来说,冒险可以为他们的生活带来一场全新的体验,或者可以这样说,在他们的眼中,冒险的体验就是生活中快乐的本源。对于未知的事物他们根本就不懂得恐惧,所以也喜欢做更多的尝试。可以想象,如果在孩子的生活中只是面对同样的学习生活,总是重复着同样的内容,那该有多么的单调乏味啊,那又会有什么收获呢?

父母要给男孩提供冒险的机会。让孩子去尝试新的东西,独辟蹊径,屡败屡战。很多发明家都是最富于冒险的人。因为,他们敢于做许多次试验,直到成功才罢休。冒险不等于蛮干,人们要在冒险中不断地总结、思考、突破。否则,纵然有成功的欲望,但是却不敢冒险,又怎么会实现伟大的目标呢?

在不确定的环境中,人的冒险精神就是最有创造价值的财富。初生牛犊不怕虎,男孩们在做事的时候往往有更强的开拓性。父母们不妨试着培养男孩的冒险精神,勇于尝试和开拓的豪气会让男孩有更新鲜、更活泼的生活。

建议二:妈妈应支持男孩多参加社会实践

人是一个群体性动物,男孩子也不可能只拘囿在家庭和学校,总是要融入社会的。所以如果他们能提前接触社会,参加社会实践活动,不但能学到更多的知识和人生经验,还能丰富他们的阅历,为他们将来走入社会打下坚实的基础。

无偿献血是指为了他人生命,自愿将自己的血液无私奉献给社会公益事业,而献血者不向采血单位和献血者单位领取报酬。无偿献血是无私奉献、救死扶伤的崇高行为,是不以金钱为目的、奉献爱心的体现,是保证医疗安全用血的必由之路。只有以人道主义无私奉献而不是经济报酬为目的的无偿献血,才能从根本上消除有偿供血带来的各种弊病,血液质量才能得到保障,才能保护受血者的安全,才能最大限度地降低经血液传播疾病的危害。作为一项利民利己的公益事业,每一个男孩都要踊跃加入献血者的行列。如果能用自己的鲜血,使另一个人获得重生,这是一件多么幸福的事情啊!更何况天有不测风云,谁也不能保证自己有一天不会倒在病床上，接受别人血液的救治。如果真有这么一天，男孩会对为他献血的志愿者抱着一份感恩之情。

献血不但是有利于他人的行为，也是有利于自己的行为，当人们献血后，会适度降低血液的黏稠度，从而使血流加快，脑血流也随之增加，供氧量加大，人会感到身体轻松，头脑清醒。

此外，美国堪萨斯大学医学中心心血管疾病研究小组对665名献过血的人和3000名未献过血的人进行的跟踪调查，结果发现在过去3年中，献过血的男子患心血管疾病的危险只有未献过血的人的1/2，患某些心血管疾病的危险只是后者的1/3。研究人员解释说，这一现象与体内铁元素的贮量减少有关。

无偿献血是国际卫生组织、国际红十字会推崇的献血形式。当今世界上很多国家已经做到了临床用血来自无偿献血，无偿献血已经成为衡量一个社会文明程度的标志。各国政府都十分重视和关心无偿献血，在美国，一个很流行的献血口号是"给您一个礼物，生命"。在美国人的心目中，献血是崇高的行动。1975年约旦首都安曼建立了一座中央血库，第一个来参加献血的是约旦国王侯赛因。日本1985年评出的最佳献血口号是"献血是爱，是勇气，是关怀"，目前，已被全世界各国血站所采用。1997年3月菲律宾总统拉莫斯第41次参加无偿献血（每次250毫升），以此来作为他69岁生日的纪念。他常说：献血使他年轻20岁。在许多国家，公民献血后吃几块点心，喝杯饮料，就各自去干自己的工作，从不领取任何报酬，人们把献血看作是健康人对社会应尽的义务，是很普通的事。在保证男孩身体健康的情况下，父母应该鼓励男孩加入义务献血的行列。

但是，父母要把献血应注意的事项传达给男孩：

（1）应学习献血知识，了解献血常识，消除紧张心理。

（2）献血的前一天不要过度疲劳，最好洗个澡；献血前两餐不吃油腻食物、不饮酒；晚上不要饮食过量，但也不要空腹，可吃馒头、蔬菜等清淡食物；要有充足的睡眠。

（3）献血当天，思想要放松。

（4）献血后，要注意休息，保持良好的情绪，避免剧烈的活动，并且增加营养（如瘦肉、鸡蛋、动物肝等）和水分，有利于血液的恢复，但不应暴饮暴食。献血后为防止针眼感染，献血者要注意1～2天内不要让针眼处沾水，保持清洁。献血后当天不可参加剧烈运动或通宵娱乐活动。健康献血者间隔6个月之后方可参加下次义务献血。

男孩都有一种希望被肯定的欲望，希望自己做的事情得到认可。志愿者就为男孩提供了这样的一个平台。

志愿者是指不为物质报酬，基于良知、信念和责任，自愿为社会和他人提供服务和帮助的人。注册志愿者是指按照一定程序在团组织、志愿者组织注册登记、参加服务活动的志愿者。男孩当志愿者之前，父母应该让他们知道一些志愿者的基本常识。

注册志愿者应具备的基本条件：

（1）年满14周岁。

（2）具有奉献精神。

（3）具备与所参加的志愿服务项目及活动相适应的基本素质。

（4）根据自身愿望和条件至少选择一个志愿服务项目，从事一定时间的志愿服务工作。

（5）遵纪守法。

此外，父母还应该让男孩知道，他们可以参加那些志愿活动，下边的活动就是一种很必要的参考：

（1）扶贫接力计划。教育、科技、医疗卫生。

（2）社区发展计划。一助一长期结对服务，教育、科技、文化、卫生"四进巷"活动等。

（3）保护母亲河行动。绿色行动营、临时性环保活动。

（4）健康救助计划。助老、助残、助幼。

（5）"三下乡"活动。文化、科技、卫生。

（6）抢险救灾。水灾、雪灾、震灾、消防。

（7）大型赛会服务。技能服务、体力服务。

（8）志愿者组织管理。街道、社区服务站（队）管理。

（9）其他公益机构。福利院、敬老院、慈善会、红十字会、医院、图书馆、博物馆、纪念馆。

（10）捐助。志愿者组织、志愿者服务项目、资金、物品。

今天，环境问题日益突出。美丽的森林日渐消失，绿洲成为荒漠，土地贫瘠化，资源消耗过大……热爱自然，保护环境，让男孩从自身做起吧!

一个人怎样才能承担拯救环境的艰巨任务呢？男孩可以考虑参加有组织的活动，为拯救环境做出自己的贡献。父母要建议他们从身边的小事做起，从点滴做起，去爱护环境。

（1）养成不随地吐痰的习惯。如果因为感冒而克服不了的，应该准备卫生纸，吐在纸上，再扔进垃圾桶。

（2）努力克服随手乱丢的坏习惯。要把废纸、果皮、包装袋扔进垃圾桶中，特别要杜绝从楼上往楼下扔东西的不道德行为。在卫生保洁或值日时，无论走多远的路，都要把垃圾及时倒进垃圾容器中，且不可乱倒。

（3）养成随手捡拾地面上废弃物的习惯。尽量少吃零食，不要再给我们的地球增加"白色垃圾"了。

（4）爱护动物，它们也是活生生的生命，要善待它们。当然，也要爱护花草树木，不要随意伤害它们。

（5）节约用电、用水、粮食等。

（6）了解环保知识，积极参加环保义务劳动，进行环保宣传。

2
教男孩如何与人沟通

要想增强男孩与人沟通的能力,可以让孩子先关注别人的眼睛。

我们常说,眼睛是心灵的窗户。的确是这样,眼睛同人们的思想感情有很大关系。当一个人对某个人或某样东西发生兴趣时,他的眼睛肯定会有一系列的复杂活动,如视线转移、瞳孔变化,等等。这一系列复杂的活动,一般说来都能准确地反映出这个人当时的心情。老练的便衣警察能在人流如潮的商店中,准确地看出谁是扒手,谁是流氓,凭的就是对眼睛的观察。一般顾客的眼睛,往往只注意商品,而小偷或流氓的眼睛,却总在顾客的口袋或女人的身上巡视。

家长可以帮助男孩了解日常交流中的几种目光注视:

(1)公务注视,一般用于洽谈、磋商等场合,注视的位置在对方的双眼与额头之间的三角区域内。

(2)社交注视,一般在社交场合,如舞会、酒会上使用。位置在对方的双眼与嘴唇之间的三角区域内。

(3)亲密注视,一般在亲人之间、恋人之间、家庭成员等亲近人员之间使用，注视的位置在对方的双眼和胸部之间。

要让孩子知道，如果对对方的讲话感兴趣，就要用柔和友善的目光正视对方的眼区，内心充溢着爱慕、友善和敬意。

爱默生如此形容过我们的双眸："眼睛如同我们的舌头一样能表达，只是它的优势不需要任何词典，就能被全世界理解。"为什么有那么多的人注意他人的眼神，就是因为它是"心灵的窗户"，我们可以通过它窥见他人的内心世界。通过"阅读"他人的眼睛，能帮助男孩看透对方的真实内心与实际想法，这是男孩交际中不可或缺的能力与技巧。

建议一：培养男孩站在对方的角度看问题

男孩或多或少都会发生一些沟通的问题，无论跟父母，还是跟同学、朋友。如果你的孩子出现这类问题，要帮助他尝试站在对方的角度上看问题。

沟通大师吉拉德说："当你认为别人的感受和你自己的一样重要时，才会出现融洽的气氛。"我们需要让男孩多从他人的角度考虑问题。如果他只强调自己的感受，别人就会和他产生对抗。如果对方觉得自己受到重视和赞赏，就会报以合作的态度。

在美国的一次经济大萧条中，90%的中小企业都倒闭了，一个名叫克林顿的人开的齿轮厂的生意也一落千丈。克林顿为人宽厚善良，慷慨大方，交了许多朋友，并与客户保持着良好的关系。

在这举步维艰的时刻,克林顿想要找那些朋友、老客户出出主意、帮帮忙,于是就写了很多信。可是,等信写好后他才发现:自己连买邮票的钱都没有了!

这同时也提醒了克林顿:自己没钱买邮票,别人的日子也好不到哪里去,怎么会舍得花钱买邮票给自己回信呢?可如果没有回信,谁又能帮助自己呢?

于是,克林顿把家里能卖的东西都卖了,用一部分钱买了一大堆邮票,开始向外寄信,还在每封信里附上2美元,作为回信的邮票钱,希望大家给予指导。他的朋友和客户收到信后,都大吃一惊,因为2美元远远超过了一张邮票的价钱。每个人都被感动了,他们回想起了克林顿平日的种种好处和善举。

不久,克林顿就收到了订单,还有朋友来信说想要给他投资,一起做点什么。克林顿的生意很快有了起色。在这次经济大萧条中,他是为数不多站住脚而且有所成的企业家。

事实证明,只要我们多考虑别人的感受,多从别人的角度看问题,即便是很尖锐的矛盾也能缓和。因此,如果男孩想得到别人的配合,最好真诚地从他人的角度来考虑。卡耐基有一句避免争执的神奇话语:"我不认为你有什么不对,如果换了我肯定也会这样想。"这句话能使最顽固的人改变态度,而且我们说这句话时并不是言不由衷,因为人类的欲望和需求是大致相同的,如果真的换成你,你也会有他那样的想法和感觉,尽管你也许不会像他那样去做。

假如男孩期望别人去完成一件事，不妨让他以对方的观点来想一想，问问自己："他这样做的用意何在呢？"虽然那是很耗时很麻烦的，但那样做将会减少很多摩擦和不愉快，从而获得更多的友谊。能处处为人设想，并以对方的观点去对待事情，这将会影响他往后的社会交往及事业成就。

社会学家说，凡有人群，就有矛盾，人生活在社会中，人际交往是必不可少的。而人际交往又是人与人之间的心理交往，是人与人之间的心理沟通和交流。由于每个人的社会属性及社会地位、经历差别，由于不同人存在着不同的个性、文化、修为、信仰、隐秘以及有着不同的目标任务，导致了人在交往接触相处中，会出现生活和工作中的不相和谐，发生分歧，产生矛盾，出现误会。

这时你会怎样面对？你不妨将自己和对方换位一下，站在对方的角度去看问题，应以豁达大度的态度置换一下心理角色，调换一下立场，逆向地进行思考。如果男孩能及时地调整好心态，也许就会找到更为确切的方法化解矛盾，消除分歧，避免误会。这比暴跳如雷、大动干戈更容易迅速取得主动而得到令人满意的效果。

世上任何事物都是相对的，站在一个角度看是一种感觉，换一个角度感觉可能就会相反。因此家长要让孩子明白在人际交往中不要片面地看问题，尤其不能只站在自己的角度看问题，而应调整好自己的参照点和观察点，多站在对方的立场上观察，以便形成良好的感觉和积极的心态，得出更全面的结论。如果你不了解对方在想什么，就会在决策中产生一定的片面性。不妨多替别人想想，站在对方的立场上，也许会得到更多的启迪和智慧。

因此，男孩若想赢得别人对你的赞同与欢迎，就必须做到从他人立场出发去考虑问题。

建议二：告诉男孩，一定要耐心倾听别人的忠告

男孩在待人处世方面不够成熟，会出现许多失误或纰漏，这时有人提出逆耳忠言，该是多么值得庆幸的事情。对于他人的善意提醒与忠告，男孩应该洗耳恭听，也许那是一句有益终生的忠告。

《孔子家语》有言："良药苦口利于病，忠言逆耳利于行。""人受谏，则圣；木受绳，则直；金受砺，则利。"然而现代社会，能够直言不讳地指责他人缺点者已日渐减少。无论是我们的朋友、长辈或同学，大都不愿意冒着使别人恼恨的危险去忠告别人，而都抱着独善其身的态度漠视一切。如果人人皆能诚恳、虚心地接受别人的忠告，而且人人都期待他人的忠告，则这种现象又怎么会出现呢？

对男孩而言，真正能够苦口婆心地劝告他，指责他的人是谁呢？不外是父母、师长、兄弟、姊妹、朋友等。他们的目的无非是希望男孩在人际关系上更圆满，在事业上更成功。但是，忠言逆耳，大多数人对于忠告总是有一种逆反心理，从而导致原有的

密切关系破裂。在某种程度上说，忠告确是一件危险的事情。如在这种情况下仍有不顾后果提出忠告者，一定是对我们怀有深厚感情之人。一个从来不曾受到他人忠告的人，看似完美无缺，实际上可说是一个毫无良好人际关系的真正孤独者。

由此看来，男孩若能受到忠告正说明周围有人在关心他。"不闻不论，则智不宏。不听至言，则心不固。"（《申鉴》汉·荀悦）但是，需要让男孩了解的是，若接受忠告时的态度不够坦然，则将会使他的朋友弃他而去。从另一个角度来说，忠告者也能从他的态度中得知他是一个坦诚的人，或是个骄傲自大的人，或冥顽不灵的人，进而影响对他整个人格的评价。一个谦虚上进、追求完美的人一定是个能够接受任何善意建议的人。如此，即使是与他只有点头之交的人，也将乐于对他提出忠告。

具体而论，男孩在接受别人的忠告时应把握以下几点：

第一，要"照单全收"。忠告必须"照单全收"，至于正确与否，事后再慎加选择，切莫拒绝，更不能当场轻下诺言。很多人都会受到忠告，只有真正有智慧的人才能从中得到裨益。

第二，诚恳的道歉。"啊！是我疏忽了，十分抱歉，今后一定改进。""对不起，这是我的错，请你原谅。"如能诚心地道歉，对方一定能原谅。

第三，不逃避责任。别人忠告你时，如果你"但是""不过""因为"等如此一味地辩解，或急欲掩饰过错、保护自己，只会使你的过失更加严重，使存在的问题变得更加复杂。因而无法找到正确的解决之道。

第四，不强词夺理。有些男孩在犯错误之后，受到长辈的忠告，非但不思悔改，反而理直气壮地陈述自己不正确的理由，说什么："你也曾年轻过呀！难道你年轻时就那么十全十美从没犯过错误吗？"如此态度将使长辈甩袖而去，再也不管他的事了。这对男孩有害无益，而且将会阻碍他人格的发展。

第五，不自我宽恕。许多男孩遭到失败时，总是替自己找许多理由、借口来宽恕自己，认为自己并非能力不高，而是时运不济等。如持这种态度，则最终仍将无法克服自己的缺点，而使自己更显孤独。对于别人的忠告不要漠然置之，必须表现出乐于坦诚接受的态度。

第六，对事不对人。对于别人的忠告，应仔细反省其所指责的事物，而绝不应该耿耿于怀。敞开胸怀接受批评，彻底反省、思过、改进，接受忠告并善加活用，使他人的忠告成为自我成长的原动力，这才是一个明智的人应持的正确的处世态度。

3 让男孩成为社交达人

在男孩的成长过程中,自主能力和社交能力是相辅相成的。在生活中我们会发现,凡是自主能力强的男孩,其社交能力就比较强。

生活在现代社会的人,必须学会待人接物的方法,善于与人礼貌往来。因为和谐的人际关系无疑已成为当今世界人才的重要素质之一。有些男孩因缺乏待人接物的经验,往往在交际中有差强人意的表现。

主动参加接待客人的活动,有利于培养男孩的主人翁精神。在参与接待客人的过程中,体会到主人和客人地位的不同,自然会产生一种自豪感和责任感,会比平时更小心,殷勤百倍。也有利于培养男孩礼貌待人的好习惯。要接待好客人,让客人满意,就必须在语言、行为上都讲究礼貌,实际上是给男孩提供了礼貌待人的练习机会。而且,能学到一些待人接物的方法。最初,男孩是不会接待客人的,这就需要学习和锻炼。

怎样培养男孩接待客人的能力呢?

第一,做好心理准备。在客人到来之前,男孩应该向父母了解,客人什么时间来，谁要来。客人与父母、与自己的关系以及该如何称呼，使自己在心理上做好接待客人的准备。

第二，与父母共同做准备工作。男孩可以和父母一起做接待客人的准备工作，如打扫房间、采购糖果等，共同创造一个欢迎客人的气氛。

第三，在父母的帮助下接待客人。例如，客人来了，男孩可以在父母的帮助下招呼每一个人，请客人坐，请客人吃糖果。还可以把自己的玩具拿出来给小客人玩，把自己的相册拿给大家看。

第四，学着与客人交谈。男孩应大方地回答客人的问话，在别人讲话时不随便插嘴。如果自己在某一方面有特长，可以主动为客人表演。制造出一种轻松、愉快、热烈的气氛。

待人接物不只体现在招待客人上，而是渗透于男孩生活的方方面面。

每个人都有自己生存的空间，然而在这个空间中家有家规，校有校规，国有国法。没有规矩，难以成方圆。男孩要从小就懂得规矩，并遵守规矩。

父母都希望孩子能成为一个有教养的青少年。所以，就要让男孩知道哪些言行是文明礼貌的，哪些言行是粗鲁无礼的。

一个人的修养决定着他的生存方式。有修养的男孩，不但能受人尊重，而且还能成大器；没修养的男孩，不但害人害己，还会不得人心。对于男孩来说，尤其在公共场合，更应重视自己的行为举止，学会待人接物。

建议一：幽默的男孩更受人欢迎

在社会生活中，幽默是无处不在的。幽默是语言的润滑剂，如果你的孩子善于灵活运用，必将为他的生活带来无穷的轻松和乐趣。

幽默是人际交往中的磁石，可以将周围的人吸引到你身边来；幽默也是转换器，可以将痛苦转化为欢乐，将烦闷转化为欢畅。每个人都喜欢与机智幽默的人做朋友，而不情愿与忧郁沉闷、呆板木讷的人交往。

语言幽默的人在社交中往往大受欢迎。最能聚集人脉的人常常就是颇具幽默的人。我们都喜欢幽默的人，但并不是每个人都会使用幽默。相反，许多人认为幽默是上帝赋予的先天禀赋，后天无法获得。其实，幽默是可以后天获得的。

对生活丧失信心的人不可能再运用幽默的资源，整天垂头丧气的人也无法体会幽默的妙用。因此，能够幽默的人首先应该充满对生活的期望和热爱，自信地对己对人，即使身处逆境，也是快乐的。

快乐是幽默的源泉，保持快乐，不仅可以带给自己幽默，还可以让别人幽默起来。怎样才能保有"快乐"呢？秘方之一是自娱自乐。这一点每个人都会，但最好不要应付了事。即使心情忧郁时，也要找点自己愿意做的事，给情绪添点欢乐的色彩。

幽默是可以学习的，因此为了开发自己的幽默资源，就必须先进行"投资"。多读些笑话、讽刺小说，多看一些喜剧，多听几段相声，随时随地收集幽默笑话。你可以将幽默、有趣的文章剪贴下来，并加以分类归档。

周围世界中充满了幽默，鼓励孩子睁大眼睛，去观看，并且竖起耳朵，去倾听。幽默来源于两个世界，一个是真诚的内心世界，一个是生活中周围的客观世界。当男孩用智慧把两个世界统一起来，并有足够的技巧和创造性的新意去表现幽默力量，就会发现自己置身于趣味的世界中，人际关系也由此会顺畅起来，离成功也就不远了。

另外，男孩在运用幽默口才时应注意以下几个问题：

（1）要注意场合。在不适当的场合展示所谓的幽默，会造成不良的影响，甚至是严重后果。

（2）要区别对象。就像音乐是给会欣赏音乐的人听的，绘画是给会品味绘画的人看的一样，找错了对象的幽默难免会造成双方的难堪。

（3）与残疾人开玩笑要注意避讳。拿他人的缺陷、不足开玩笑，会伤害对方。

（4）内容要健康，格调应高雅。

（5）态度要友善。冷嘲热讽地开玩笑，别人会产生反感。

（6）和异性、不同辈分的人开玩笑要适当，"荤段子"不可说。

（7）不可板着脸开玩笑。

（8）不要以为捉弄他人也是幽默。别人会误以为你是恶意的而令你祸从口出。

（9）不可总大大咧咧地开玩笑，让人觉得你不够成熟、踏实、庄重。

正如拉布所说，"幽默是生活波涛中的救生圈。"幽默能够营造一个轻松、诙谐的谈话和交往氛围，能让人在紧张的环境中得以放松，能愉悦人的心情，也能够抚平生活中出现的波涛和褶皱。既然幽默有这么多的好处，何不让孩子学着成为一个能带给身边人快乐的幽默大师呢？

建议二：告诉男孩与人相处应把握好度

常言道"一回生，两回熟，三回四回是朋友"，可是对有些人来说，外面的世界充满了危险和侵犯，保护自己的最好方式就是与周围的人和世界维持一个安全的距离。他们总是一副不愿意与别人"深交"的样子，与任何人都是一种"君子之交淡如水"的交往习惯。

告诉孩子，既然这样的人对自己有一层保护网，难以让人走近他，那么跟这样的人交朋友，就一定要懂得保持距离，不要让"自来熟"的习性破坏了彼此之间和谐自然的关系。

其实很多时候，有一定距离的友情，反而更容易维持，因为人和人之间如果走得太近，就容易因为彼此过于了解而产生摩擦，如果过于疏远了，友情也就变淡了。所以，保持一定的距离，不过分亲近也不过于疏远，才是友情的最佳保鲜法。

在日常生活中，朋友间的交往不可能事事顺心、样样如意，难免会为一些事发生争吵、引起矛盾。家长要让男孩明白，这种事本身是很正常的，关键是要看我们自己怎样对待，是否能分辨清楚原因，恰到好处地加以解决，协调好彼此之间的关系。

同学之间吵架的原因有很多，主要有以下几种：

（1）开玩笑有些过火了，行动上让对方觉得很难堪，双方处事的态度不同等原因都会引起矛盾。

（2）有的时候会遇到别人的挑拨，使自己对朋友产生了误解，有时由于双方所受到的待遇不公平，使自己产生了赌气的行为，与对方不能和睦相处。

（3）有的好朋友之间原本相处得很好，但是因为其中一方心理状态不平衡，正在生气或是正在烦恼，稍不顺心，便会失去理智，无法自制。

无论是由于什么因素引起的吵架，都会使双方烦恼不安。因此，家长要教男孩正确分析原因，因人因地选择解决问题的方法。

（1）采取宽容大度的态度，主动从自身去找原因，以己度人，不如推己及人，宽容大度。自己错了主动承认，做自我批评，即使是对方的错误，也要先检查自己态度上的过失，争取在缓和的气氛中沟通思想。这是解决争吵的正确态度，要求男孩平时要加强自身修养，提高心理素质，做到遇事不急躁，三思而后行。

（2）正确分析争吵原因。对偶发的、自然因素造成的争吵要采取忍让的态度。人与人的交往难免会磕磕碰碰，没必要事事较真。对一些事采取幽默手段处理，便会化干戈为玉帛，会给生活增添色彩。对待涉及原则性的争吵，则需要男孩理智地思考，以理服人，以情动人，求得共识。

（3）采取灵活有效的方法。对内向性格的人，以无言的行动感动对方，易于矛盾的和解；而对外向的人，最好使用直截了当的方式，这样符合他们的性格特点。也可以通过书信形式，达到沟通目的。